ERNST VON PIDDE

RICHARD WAGNERS

Ring
des
Nibelungen

IM LICHTE
DES DEUTSCHEN STRAFRECHTS

HOFFMANN UND CAMPE

2., vermehrte und verbesserte Auflage

© Hoffmann und Campe Verlag, Hamburg 1979
Gesetzt aus der Borgis Garamond-Antiqua
Satzherstellung A. Utesch GmbH, Hamburg
Druck- und Bindearbeiten Bercker, Kevelaer
ISBN 3-455-05925-2
Printed in Germany

INHALT

ZUR ENTSTEHUNGSGESCHICHTE DES
WERKES · 7

VORWORT · 9

VORABEND: DAS RHEINGOLD · 15
1. Die Entwendung des Ringes durch Alberich · 16
2. Freias Verschleppung durch die Riesen · 19
3. Die Erschleichung des Ringes durch die Götter · 24
4. Fasolts Tod · 26

ERSTER TAG: DIE WALKÜRE · 29
1. Siegmunds Verkehr mit Sieglinde · 30
2. Die Wegnahme des Schwertes · 33
3. Der Zweikampf zwischen Siegmund und Hunding · 36
4. Wotans sogenannter »Feuerzauber« · 40

ZWEITER TAG: SIEGFRIED · 45
1. Siegfrieds Zweikampf mit Fafner · 46
2. Tötung Mimes · 49
3. Siegfrieds Beziehung zu seiner Tante Brünnhilde · 52

DRITTER TAG: GÖTTERDÄMMERUNG · 57
1. Der Willkommenstrunk · 58
2. Die gewaltsame Heimführung Brünnhildes · 60
3. Siegfrieds Tod · 63
4. Gunthers Tod · 64
5. Hagens Tod · 65
6. Brünnhildes Brandstiftung · 67

RÜCKBLICK UND AUSBLICK · 71

ANHANG · 75
VERWIRKTE GESAMTSTRAFEN · 76
PERSONEN- UND SACHREGISTER · 78
LITERATURVERZEICHNIS · 80

ZUR
ENTSTEHUNGSGESCHICHTE
DES
WERKES

Ernst von Pidde, 1877 in Salzdahlum bei Wolfenbüttel geboren, 1966 in Gifhorn gestorben, vereinigte in seltener Weise gediegene Rechtskenntnisse mit einem »wahrhaft seherischen Blick in die Tiefen der Musik« (Adolf Müller). Nachdem er seinem Jugendtraum, Cellist zu werden, infolge eines Jagdunfalls hatte entsagen müssen, trat er nach absolviertem Jurastudium in den preußischen Staatsdienst ein und wurde 1916 zum Amtsrichter in Gifhorn berufen. Dort begann seine reiche schriftstellerische Tätigkeit, die vor allem dem Schaffen des von ihm verachteten Richard Wagner gewidmet war.
Wenige Wochen nach der Machtergreifung Hitlers wurde von Pidde als profilierter Wagnerfeind zur Disposition gestellt. In jener Periode entstand das vorliegende Werk. Das Manuskript, das sich im Nachlaß des Verfassers anfand, wurde vor der Drucklegung von einem entfernten Verwandten, der dem auswärtigen Dienst angehört, überarbeitet und auf den gegenwärtigen Stand des Straf- und Zivilrechts gebracht.

VORWORT

Die Oper ist eine aussterbende Gattung, und das kommt nicht von ungefähr. Ihr heutzutage noch mit musikalischen Maßstäben näherzutreten, kann getrost als rückständige und oberflächliche Betrachtungsweise abgetan werden. Daß »die Poesie der Musik gehorsame Tochter« zu sein habe, mochte zu Mozarts Zeiten als possierlicher Aphorismus durchgehen. Inzwischen hat die Wissenschaft erkannt, daß der musikalische Rahmen nur ein Schleier ist, der tieferliegende soziale, psychologische und juristische Sachverhalte verhüllt.

Diesen Schleier fortzuziehen und den Blick von den irrelevanten Begleitgeräuschen, die nur zu oft die textlichen Zusammenhänge verdunkeln, auf den Kern der Handlung selbst zu richten, hat sich der Verfasser der vorliegenden Arbeit zur Aufgabe gemacht. Er beansprucht dabei keinerlei Erstgeburtsrecht. Während der Wiener Festwochen 1961 ist Hugo von Hofmannsthals »Rosenkavalier«, des Straußschen Rankenwerkes entkleidet, zur Aufführung gelangt, und zwar mit durchschlagendem Erfolg. Auf diesem Wege fortzuschreiten, d. h. Opern künftig ohne Musik aufzuführen, sollte sich jedes fortschrittliche Operninstitut zur vornehmsten Pflicht machen. Dies hätte nicht nur den bereits erwähnten Vorteil, das Publikum an die Problematik des Librettos unmittelbar heranzuführen – auch der finanzielle Nutzen wäre beträchtlich, da die Opernorchester samt ihren vielfach recht kostspieligen Dirigenten umgehend in Wegfall kämen. Auch wäre damit der wenig erfreuliche Typus des Operntenors, dem systematisch entscheidende Teile des Hirns zur Kopfstimme verkümmert werden, zum Aussterben verurteilt.

9

Daß Bühnenfiguren einander ansingen, hat ja von Haus
aus etwas Lächerliches. Daß sie ihre Gesänge mit Tril-
lern, Koloraturen und sonstigen Verzierungen aus-
schmücken, hebt ihr Tun bereits in den Bereich psycho-
motorischer Ausnahmezustände. Die Schwelle zum Wahnsinn wird vollends überschritten, wenn mehrere Personen[1]) unter dem nur scheinbar schützenden Mantel
eines Duetts, Terzetts usw. ihren Text gleichzeitig zu
Gehör bringen, so daß auch dem Gutwilligsten das Ver-
ständnis verwehrt bleibt[2]). Nicht besser steht es mit dem
umgekehrten Fall, daß nämlich eine Person dieselben
Worte bis zum Überdruß wiederholt:

*Und die Hälse schnüren zu, schnüren zu, schnüren zu,
schnüren, schnüren, schnüren zu, und die Hälse und die
Hälse und die Hälse schnüren zu, und die Hälse schnüren zu, schnüren, schnüren, schnüren zu, und die Hälse
und die Hälse und die Hälse schnüren zu, und die Hälse
schnüren zu, und die Hälse schnüren zu, und die Hälse
schnüren zu, schnüren zu, schnüren zu.*

Der einmalige Ausdruck des Erhängungsbegehrens hätte
hier an sich genügt. (Daß der Eunuch Osmin seinen
Wunsch im tiefsten Baß vorträgt, sei als physiologische
Absurdität am Rande vermerkt.)
Doch zurück zum Thema. Es geht uns um nichts Gerin-
geres als um die schonungslose Entlarvung der Musikdramen Richard Wagners als Abfolge orchestral auf-

Singen ist psycho- motorischer Ausnahme- zustand

---

[1]) Bis zu neun: Nonett der alten Meister im 1. Akt von Pfitzners
»Palestrina«.

[2])

HERZOG	MADDA-	GILDA	RIGOLETTO
Ach, ein Wort	LENA	*Armes Herz*	*Schweige, nichts*
nur tilgt die	*O seit alten*	*du darfst*	*frommen*
Schmerzen,	*grauen*	*nicht*	*deine Zähren,*
die du grau-	*Zeiten*	*brechen*	*nein, o nein,*
sam hier	*sprechen sie*	*vor Verzweif-*	*nein, nein,*
erregt!	*in diesem*	*lung, Gram*	*nein, nein!*
	Ton!	*und Schmerz!*	

Wer soll sich in diesem Durcheinander noch zurechtfinden?!

geputzter Straftatbestände und damit als kriminologischen Sonderfall der »seriellen« Schule.

Nicht, als ob die übrige Opernliteratur von beklagenswerten Verstößen gegen die Rechtsordnung frei wäre! Angefangen mit Bagatelldelikten wie dem unbefugten Feilbieten von Arzneimitteln (»Liebestrank«) oder der Verletzung der Unterhaltspflicht durch den unehelichen Zahlvater (»Madame Butterfly«) sind über einfachen (»Rosenkavalier«) und doppelten Ehebruch (»Così fan tutte«) bis zum Landesverrat (»Aïda«) sämtliche Unwertstufen vertreten. Der allseits beliebte Don Giovanni entpuppt sich bei näherem Hinsehen als sexueller Hangtäter gröbsten Kalibers, der sich selbst den jahreszeitlichen Schwankungen auf seine Art anzupassen weiß: *Volle sucht er für den Winter, für den Sommer schlanke Kinder.* Den breitesten Raum nehmen, wie nicht anders zu erwarten, Angriffe gegen Leib und Leben ein, wobei sich die Motivskala von der Rache (»Tosca«, »Elektra«) oder Eifersucht (»Carmen«, »Bajazzo«, »Othello«) bis zum Lustmord in mittelbarer Täterschaft (»Salome«) erstreckt[3].

Bei den Musikdramen Richard Wagners, die sich nicht ohne Grund bei den nationalsozialistischen Machthabern so großen Anklangs erfreuten, tritt uns das kriminelle Element in womöglich noch stärkerem Maße entgegen. Der venerische Grundzug im »Tannhäuser« manifestiert sich nicht nur im persönlichen Auftreten der einschlägigen Gottheit; selbst Wolfram, der wortreiche Herold züchtiger Minne, scheut sich nicht, in einem unbeobachteten Augenblick den Abendstern zu besingen – der bekannt-

Wagners Musikdramen: Abfolge orchestral aufgeputzter Straftatbestände

---

[3] Der Anschlag Rigolettos, dem statt des liederlichen Herzogs seine eigene Tochter zum Opfer fällt, findet übrigens eine interessante Parallele in dem berühmten Fall Rose-Rosahl (Halle 1858): Rosahl veranlaßte Rose, den Schliebe zu töten; Rose hielt Harnisch für Schliebe und tötete diesen. Das preußische Obertribunal verurteilte sowohl Rose wie auch Rosahl zum Tode; den Irrtum verwarf es als unbeachtlich.

Venus — Liebesgöttin und Abendstern

lich mit der Venus identisch ist. Demgegenüber spannt sich der Handlungsbogen des »Lohengrin« zwischen Ortruds übler Nachrede und Elsas Neugier zu einer unheilvollen Pforte für Zweikampf und Totschlag, wobei die Neugierde zwar nicht folgen-, wohl aber straflos bleibt. Eher milde geht es in den »Meistersingern« zu:

Beckmesser und das Urheberrecht

Beckmessers zweifelhaftes Verhältnis zum Urheberrecht und des Schusters die Nachtruhe störender Lärm (§ 117 des Gesetzes über Ordnungswidrigkeiten) sind geradezu Ausdruck ungebrochenen Rechtsempfindens, verglichen mit dem, was dem Zuhörer von »Tristan und Isolde« zugemutet wird: der Versuch der Giftbeibringung im ersten Aufzug sowie die ehebrecherischen Wechselgesänge im zweiten, die drei Bluttaten nach sich ziehen, lassen Isoldes angeblichen Liebestod nur zu begreiflich erscheinen.

Den Höhepunkt strafrechtlich relevanter Umtriebe bietet jedoch »Der Ring des Nibelungen«. Was sich hier Götter, Menschen, Riesen und Zwerge an Rechtsbrüchen leisten, steht wohl nicht nur in der Musikgeschichte einzig da.

Bevor wir uns indes der juristischen Würdigung selbst zuwenden, gilt es, ein gewichtiges Bedenken aus dem Wege zu räumen, das eine Bestrafung der handelnden Personen von vornherein zu verunmöglichen droht:

Strafgesetzbuch auf vorkarolingische Delikte anwendbar?

Erstreckt sich die Geltung des derzeitigen deutschen Strafgesetzbuches (im folgenden kurz StGB genannt) auch auf Delikte, die in die vorkarolingische Zeit zurückreichen?

Diese Frage ist zu bejahen, und zwar aus folgenden Gründen:

Das deutsche Recht wird bekanntlich von der Maxime *Nulla poena sine lege* beherrscht, wie sie im Artikel 103 des Grundgesetzes und § 1 StGB ihren Niederschlag gefunden hat. Sie besagt, daß eine Handlung nur dann bestraft werden kann, wenn sie bereits zur Zeit ihrer Begehung von Gesetzes wegen unter Strafe stand. Wer also davon ausgeht, daß die im »Ring des Nibelungen«

dargestellten Verbrechen *vor* Erlaß des Strafgesetzbuchs
(am 15. Mai 1871) verübt worden sind, muß allerdings
zwangsläufig zu dem Schluß gelangen, daß eine Aburteilung nach dem StGB nicht in Betracht kommt. Diese
Auffassung ist jedoch zu eng. Zwar ist nicht zu leugnen,
daß sich die dem »Ring« zugrundeliegenden Urdelikte
lange vor Erlaß des StGB zugetragen haben. Auf der
andern Seite ist aber ebensowenig zu bestreiten, daß die
Straftaten mit jeder Aufführung der Tetralogie *erneut*
begangen werden, so daß jedenfalls für alle Inszenierungen auf deutschem Boden die Anwendbarkeit des StGB
gemäß § 3 ohne Bedenken unterstellt werden kann.

StGB gilt
jedenfalls
für Insze-
nierungen
auf
deutschem
Boden

Die Frage, ob unser Strafgesetzbuch wegen der deutschen
Staatsangehörigkeit der Delinquenten gemäß § 7 Abs. 2
auch Inszenierungen im Ausland erfaßt, soll hier un-
erörtert bleiben, da sie schwierigste Probleme der Staaten-
sukzession – wer ist Rechtsnachfolger von Walhall? von
Nibelheim? – aufwerfen würde[4]).

---

[4]) Abwegig ist die Ansicht, die Anwendbarkeit des StGB folge aus
der Tatsache, daß die erste Gesamtaufführung des »Rings« im
August 1876, also *nach* Erlaß des StGB, stattgefunden hat. Diese
sogenannte »vermittelnde Theorie« übersieht, daß »Rheingold« und
»Walküre« auf Wunsch des (bald darauf entmündigten) Bayern-
königs Ludwig II. bereits am 22. 9. 1869 bzw. am 26. 6. 1870 im
Münchner Nationaltheater uraufgeführt wurden. Im übrigen wären
nach dieser Auffassung sämtliche Straftaten längst verjährt.

VORABEND:
DAS RHEINGOLD

SACHVERHALT

Ein im Flußbett des Rheins belegener Goldschatz wird
von dem Zwerg Alberich in der Absicht entwendet, sich
daraus im Wege eines Werkvertrags mit seinem Bruder
Mime eine Tarnkappe sowie einen Ring schmieden zu
lassen, der ihm, einer alten Prophezeiung zufolge, maßlose Macht verleihen soll[5]). Der dem Hort innewohnenden aufschiebenden Bedingung, durch einseitige Willenserklärung der Liebe zu entsagen, hat er zuvor durch
Fluch genügt[6]). Ehe es jedoch zu der erstrebten Nutzung
kommt, überreden ihn die Götter Wotan und Loge, sich
vermittels der Tarnkappe in eine Kröte zu verwandeln;
in dieser Gestalt fesseln und nötigen sie ihn, Kappe und
Ring als Lösegeld zu erlegen. Mit diesem wiederum
begleicht Wotan eine offenstehende Schuld gegenüber
den Riesen Fasolt und Fafner, die ihm seinen Amtssitz
Walhall errichtet haben. Als Baulohn war ursprünglich
die Übereignung der Göttin Freia vereinbart worden;
die Riesen erklären sich jedoch – unter zwischenzeitlicher
Mitnahme Freias als Geisel – schließlich mit einer finan-

---

[5]) Vgl. die Ausführungen der Rheintochter Wellgunde:
Der Welt Erbe
gewänne zu eigen,
wer aus dem Rheingold
schüfe den Ring,
der maßlose Macht ihm verlieh'.

[6]) Rheintochter Woglinde:
Nur wer der Minne
Macht versagt,
nur wer der Liebe
Lust versagt,
nur der erzielt sich den Zauber,
zum Reif zu gewinnen das Gold.

ziellen Abfindung einverstanden. Die Aufteilung des
Honorars im Innenverhältnis führt freilich alsbald zum
Streit, in dessen Verlauf Fafner seinen Bruder Fasolt er-
schlägt und als alleiniger Besitzer des Hortes auf dem
Platze verbleibt.

Der vorstehende Sachverhalt zerfällt auf den ersten Blick
zwanglos in vier Tatkomplexe:

1. Die Entwendung des Ringes durch Alberich
2. Freias Verschleppung durch die Riesen
3. Die Erschleichung des Ringes durch die Götter
4. Fasolts Tod.

1.

TATKOMPLEX:
DIE ENTWENDUNG DES RINGES
DURCH ALBERICH

Mit den Worten:

> Das Licht lösch ich euch aus,
> entreiße dem Riff das Gold,
> schmiede den rächenden Ring!

bemächtigt sich Alberich *mit furchtbarer Gewalt* des
Hortes und *stürzt damit* (laut Regieanweisung) *hastig in
die Tiefe, wo er schnell verschwindet.*

Daß hier ein Diebstahl vorliegt, dürfte kaum zweifel-
haft sein. Eines solchen macht sich gemäß § 242 StGB
schuldig, *wer eine fremde bewegliche Sache einem anderen in der Absicht wegnimmt, dieselbe sich rechtswidrig zuzueignen.*

Was ist
Diebstahl?

Die auf ihren »Vater« bezogene Bemerkung der Rheintochter Floßhilde:

> Uns befahl er,
> klug zu hüten
> den klaren Hort

beweist, daß als Eigentümer des Goldes kein Geringerer

als der Rhein selbst anzusehen ist[7]). Daraus folgt zwingend, daß der Hort für Alberich eine »fremde Sache« im Sinne von § 242 darstellt. Daß er auch eine bewegliche (wenngleich schwer bewegliche) Sache ist, demonstriert Alberich selbst durch den hastigen Abtransport. Die über die vorsätzliche Wegnahme hinaus geforderte Zueignungsabsicht liegt ebenfalls vor, da Alberich das Gold dem eigenen Vermögen einverleiben und sich wirtschaftlich an die Stelle des Berechtigten setzen will[8]).

So unergiebig die Entwendung des Ringes in strafrechtlich-dogmatischer Hinsicht erscheint, so fruchtbar sind ihre kriminologischen Aspekte. Zeigen sie doch die typischen Merkmale eines Protzdelikts, das die Kleinheit und Häßlichkeit des Täters überdecken und verdrängen soll. Bekanntlich bescheidet die bereits oben angeführte Rheintochter Wellgunde die nicht eben zimperlichen Anträge des triebverhafteten Nachtalben mit den Worten:

Protzdelikte häßlicher Täter

Pfui, du haariger
höckriger Geck!
Schwarzes schwieliges
Schwefelgezwerg!
Such dir ein Friedel,
dem du gefällst![9])

---

[7]) Wobei dahingestellt bleiben kann, ob seine Töchter Wellgunde, Woglinde und Floßhilde u. U. als Miteigentümer beteiligt sind — sei es nach Bruchteilen, sei es zur gesamten Hand. Im Zweifel ist letzteres anzunehmen:
Nur wo Gesamthand nicht waltet, da schaltet der Bruch.
(Alter Rechtsspruch)

[8]) Unhaltbar ist die Theorie, trotz Vorliegens aller Tatbestandsmerkmale des Diebstahls sei die Wegnahme des Goldes nicht rechtswidrig, da Alberich zum Ausgleich ja sein künftiges Liebesleben geopfert habe:
Hör es die Flut:
so verfluch ich die Liebe!
Dieser Fluch ermöglicht, wie bereits angedeutet, lediglich die Anfertigung des Ringes (schmiedetechnisch gesprochen: das Aufdornen des Metalls durch Eintreiben eines Stielmeißels), rechtfertigt aber keinesfalls die Entwendung des Hortes als solche.

[9]) Eine zeitgemäße Parallele hierzu bietet das Urteil des Massen-

Kein Wunder, daß Alberich angesichts der Vergeblichkeit seines Werbens ohne Zögern seine Begehrlichkeit zurückstellt, sobald sich ihm ein brauchbares Ersatzideal bietet:

> Erzwäng ich nicht Liebe,
> doch listig erzwäng ich mir Lust?

Die von Havelock Ellis aufgestellte Behauptung, Verbrecher seien im Durchschnitt kleiner als gesetzestreue Bürger, schießt sicherlich über das Ziel hinaus. Es ist jedoch nicht zu leugnen, daß bei zahlreichen körperlich zurückgebliebenen Menschen der Hang besteht, durch einen Rechtsbruch sozusagen »über sich hinauszuwachsen«. Beispiele für diesen *Geltungsdrang der Murkse, die an ihrer Kleinheit leiden*[10]), sind etwa der Säurespritzer Anton Sacher, der Mägden und Hunden nachzustellen pflegte, und der gefürchtete »Hammerzwerg von Steyr«, der zwei Frauen durch Hammerschläge getötet und zwei weitere geschändet hat: er war nicht größer als 1 Meter 50 und trug Kinderschuhe[11]). »Ikey the Runt« war erbittert, daß man ihm ständig »murk« (Krümel) titulierte: er erschoß mehrere Menschen und wurde schon im Alter von 17 Jahren hingerichtet. Daß sich Männer und Frauen in dieser Hinsicht wenig voneinander unter-

---

mörders Haarmann über den Strichjungen Grans: *Ich hatte zuerst einen Tick auf Hans. Aber als ich ihn nackt sah, mochte ich ihn nicht. Er ist so behaart wie ein Affe. Wirklich, Sie können es mir glauben: wie ein Affe sah Hans aus!* (Th. Lessing, Haarmann, S. 66).

[10]) Hans v. Hentig, Der Gangster, S. 196.

[11]) Daß die »Murkse« sich vielfach nicht nur durch einen abnorm entwickelten sexuellen Appetit, sondern auch durch überdimensionale Geschlechtswerkzeuge auszeichnen, beweist das Beispiel Toulouse-Lautrecs. Ein englisches Bauernsprichwort schreibt Körperbehinderten besonders starke Liebesfähigkeit zu: *Mad men and lame men copulate best.* Trotz Fehlens einer Belegstelle kann davon ausgegangen werden, daß dies auf Alberich ebenfalls zutrifft.

scheiden, zeigt der Fall der Giftmischerin Anna Zwanziger, die sich trotz ihres Zwergwuchses durch Wollust
und Gefallsucht hervortat[12]).

2.

TATKOMPLEX:
FREIAS VERSCHLEPPUNG
DURCH DIE RIESEN

Fafolt
(ergreift plötzlich Freia und führt sie mit Fafner zur Seite):
> Hieher, Maid!
> Als Pfand folgst du uns jetzt,
> bis wir Lösung empfahn.

Freia
(wehklagend):
> Wehe! Wehe! Wehe!
> Alle Götter in höchster Bestürzung.

Fafner
> Fort von hier
> sei sie entführt!
> Bis Abend, achtet's wohl,
> pflegen wir sie als Pfand:
> wir kehren wieder;
> doch kommen wir,
> und bereit liegt nicht als Lösung
> das Rheingold licht und rot —

---

[12]) Auf einem völlig andern Blatt stehen die nicht seltenen Fälle des
Krüppelwuchses von Gerichtspersonen. So mußte sich der gnomen-
hafte Verteidiger des Frauenmörders Landru vom Vorsitzenden
des Schwurgerichts unterbrechen lassen: *Doktor Bertet, hier wird
stehend plädiert!* Landru lachte am meisten.

Fasolt

> Zu End' ist die Frist dann,
> Freia verfallen:
> für immer folge sie uns!

Freia
(schreiend):

> Schwester! Brüder!
> Rettet! helft!

Sie wird von den hastig enteilenden Riesen fortgetragen.

Folgende Straftatbestände bieten sich an, kommen jedoch aus verschiedenen Gründen nicht in Betracht:

a) Menschenraub

Er liegt vor, wenn sich jemand *eines Menschen durch List, Drohung oder Gewalt bemächtigt, um ihn in hilfloser Lage auszusetzen oder in Sklaverei, Leibeigenschaft oder in auswärtige Kriegs- oder Schiffsdienste zu bringen* (§ 234 StGB).

Eine derartige Absicht ist weder Fasolt noch Fafner nachzuweisen. Mit der zeitweiligen Verbringung Freias nach Riesenheim verfolgen die beiden vielmehr den Zweck, auf die Götter hinsichtlich des ersatzweise vereinbarten Werklohns Druck auszuüben.

b) Verschleppung im engeren Sinne

Freia politisch verfolgt?

Sie setzt voraus, daß das Opfer in Gefahr gebracht wird, *aus politischen Gründen verfolgt zu werden und hierbei im Widerspruch zu rechtsstaatlichen Grundsätzen durch Gewalt- oder Willkürmaßnahmen Schaden an Leib oder Leben zu erleiden, der Freiheit beraubt oder in seiner beruflichen oder wirtschaftlichen Stellung empfindlich beeinträchtigt zu werden* (§ 234 a). Daß die Unterstellung politischer Motive im vorliegenden Fall abwegig ist, bedarf keiner Erläuterung.

c) Entführung

Dieser Tatbestand ist dann gegeben, wenn der Täter *eine Frau wider ihren Willen durch List, Drohung oder*

Gewalt entführt ... und eine dadurch für sie entstan-
dene hilflose Lage zu außerehelichen sexuellen Hand-
lungen mit ihr ausnützt (§ 237 StGB). Was unter einer
sexuellen Handlung zu verstehen ist, läßt der Gesetzgeber offen; er beschränkt sich auf den Hinweis, sie
müsse *von einiger Erheblichkeit* sein (§ 184 c StGB).
Feststeht, daß nicht nur der Beischlaf gemeint ist. An-
dererseits begründet das kurze Anfassen der Brust über
den Kleidern noch keine Strafbarkeit[13]).

Unverkennbar empfindet Fasolt – soweit dies Riesen
überhaupt möglich ist – eine zarte Neigung für Freia.
Seine Ausführungen beweisen, daß er sie dem Rheingold nicht ungern vorgezogen hätte:

> Wir Plumpen plagen uns
> schwitzend mit schwieliger Hand,
> ein Weib zu gewinnen,
> das wonnig und mild
> bei uns Armen wohne[14]).

Fafner hingegen steht den Reizen der Göttin von An-
fang an kühl gegenüber; er ist es auch, der der Ent-
persönlichung des Werklohns als erster zustimmt. Da er
sich als der stärkere Charakter seinem Bruder gegenüber
durchzusetzen pflegt – wovon namentlich das tragische
Ende der Oper Zeugnis ablegt –, können wir davon aus-
gehen, daß sexuelle Handlungen während der Abwesen-
heit Freias von der Bühne unterblieben sind.

d) Erpressung
Diese liegt vor, wenn *jemand einen anderen rechtswidrig*
mit Gewalt oder durch Drohung mit einem empfindlichen
Übel zu einer Handlung, Duldung oder Unterlassung

---

[13]) Näheres bei Schwarz-Dreher, Strafgesetzbuch, Vorbemerkung vor
§ 174 Ziff. 4.

[14]) Wobei der dem Drang zum Stabreim entsprungene Ausdruck
»wohnen« nicht allzu wörtlich genommen werden sollte.

nötigt und dadurch dem Vermögen des Genötigten ...
Nachteil zufügt, um sich oder einen Dritten zu Unrecht
zu bereichern (§ 253 StGB).

Der Genötigte ist im gegenwärtigen Fall Wotan. Zweck
der Nötigung der Erwerb des Rheingolds im Austausch
für Freia. Dabei spielt es keine Rolle, daß die erpresse-
rische Gewalt nicht unmittelbar gegen den Genötigten
selbst, sondern gegen dessen Schwägerin[15]) ausgeübt wird.

Ist die gewaltsame Beitreibung eines vereinbarten Werklohns rechtswidrig?

Die Riesen werden freilich einwenden, da Freia die ursprünglich vereinbarte Löhnung darstelle, könne weder
von einer »rechtswidrigen« Nötigung noch von einer
Bereicherung »zu Unrecht« die Rede sein:

> Bedungen ist's,
> was tauglich uns dünkt:
> Freia, die holde,
> Holda, die freie —
> sie tragen wir heim.

Dieser Einlassung hält Wotan entgegen, der seinerzeit
geschlossene Werkvertrag sei nichts weiter als ein Schein-
geschäft gewesen und daher nichtig:

> Wie schlau für Ernst du achtest,
> was wir zum Scherz nur beschlossen!
> Freia, die gute,
> geb ich nicht auf:
> nie sann dies ernstlich mein Sinn.

Er beweist dadurch nur seine betrübliche Unkenntnis
des Bürgerlichen Gesetzbuchs, dessen § 116 bekanntlich
verfügt: *Eine Willenserklärung ist nicht deshalb nichtig,*
weil sich der Erklärende insgeheim vorbehält, das Er-
klärte nicht zu wollen.

---

[15]) Dieser Verwandtschaftsgrad ist den Vorwürfen Frickas zu entnehmen, mit denen sie ihren Gatten Wotan aus dem Schlaf reißt:
> So ohne Scham
> verschenktet ihr Frechen
> Freia, mein holdes Geschwister!

Zu seinem Glück tritt ihm jedoch eine andere Vorschrift zur Seite: *Ein Rechtsgeschäft, das gegen die guten Sitten verstößt, ist nichtig* (§ 138 BGB). Daß Menschen- bzw. Götterhandel sittenwidrig ist, versteht sich wohl von selbst. Damit entfällt aber auch der von den Riesen geltend gemachte Anspruch auf den ursprünglich vereinbarten Baulohn; seine zwangsweise Beitreibung ist »rechtswidrig« bzw. »Unrecht« im Sinne von § 253 StGB.

Götterhandel verstößt gegen die guten Sitten

Jedoch: da die Riesen irrtümlich annehmen, zur Verbringung Freias aufgrund des vorgenannten Vertrages berechtigt zu sein, mangelt es ihnen nach herrschender (wenn auch stark umstrittener) Lehre sowohl am Nötigungs- wie am Schädigungsvorsatz, so daß die zwar objektiv vorliegende Erpressung ihnen subjektiv nicht angelastet werden kann.

Als einschlägiger Straftatbestand verbleibt demnach lediglich:

e) Freiheitsberaubung

Daß Freia den Riesen nur widerwillig folgt, erhellt bereits aus obziertem Sachverhalt, ist aber auch den Worten des dem Trio nachblickenden Loge zu entnehmen:

Fröhlich nicht
hängt Freia
den Rauhen über dem Rücken!

»Freia die holde« wird also offensichtlich im Sinne von § 239 StGB *des Gebrauches der persönlichen Freiheit beraubt* und büßt damit den ihr von Fasolt verliehenen spiegelbildlichen Ehrentitel »Holda die freie« zeitweilig ein. Zwar definiert § 239 als Tatobjekt *einen Menschen*, doch trifft, was für den Raub von Menschen gilt, erst recht auf Götter zu (argumentum a minore ad majus).

3.

TATKOMPLEX:
DIE ERSCHLEICHUNG DES RINGES
DURCH DIE GÖTTER

Auf der Suche nach einer den Riesen genehmen Ersatz-
leistung für die unbedacht in Aussicht gestellte Freia
verfallen die Götter auf das von Alberich kurz zuvor
entwendete Rheingold:

Wotan

>Doch wie schüf ich mir das Geschmeid?

Loge

>Durch Raub!
>Was ein Dieb stahl,
>das stiehlst du dem Dieb.

Das Vorhaben gelingt durch einen wohlberechneten Appell
an Alberichs Eitelkeit, der nur zu gern die Verwand-
lungskraft seiner Tarnkappe zur Schau stellt:

Loge

>Kannst du auch winzig
>und klein dich schaffen?
>Das klügste schiene mir das,
>Gefahren schlau zu entfliehn.
>Das aber dünkt mich zu schwer.

Alberich

>Zu schwer dir,
>weil du zu dumm!
>Wie klein soll ich sein?

Loge

>Daß die feinste Klinze dich fasse,
>wo bang die Kröte sich birgt.

Alberich

Pah! nichts leichter!
Luge du her! Er setzt den Tarnhelm auf.

Krumm und grau
krieche Kröte!
Er verschwindet; die Götter gewahren
im Gestein eine Kröte auf sich zukriechen.

Loge

Dort die Kröte,
greife sie rasch!
Wotan setzt seinen Fuß auf die Kröte.

Alberich

Ohe! Verflucht!
Ich bin gefangen!

Als Lösegeld verlangen die Götter die Herausgabe des
Hortes, zu der sich der hilflose Alberich schließlich
zähneknirschend bereitfindet. Verständlich, daß es dabei
nicht ohne harte Worte abgeht, unter denen die Bezeich-
nung *gieriges Gaunergezücht* noch zu den abgewogen-
sten gehört.

Im übrigen wird bei dieser Gelegenheit wieder so recht
deutlich, mit welcher Ignoranz die angeblich allwissen-
den Götter – von ihrem notorischen Hang zu Hand-
greiflichkeiten einmal ganz abgesehen – dem Strafrecht
gegenüberstehen. Weder Raub noch Diebstahl, wie Loge
behauptet, liefern im vorliegenden Fall die einschlägigen
Tatbestände, sondern Freiheitsberaubung und Erpressung.
Denn der Hort wird Alberich ja nicht durch Gewahr-
samsbruch entzogen: er selbst trifft, wenngleich unter
Druck, die sein Vermögen mindernde Verfügung.

Dem steht auch nicht entgegen, daß Alberich als Dieb
nicht *Eigentümer* des Hortes ist: bereits der bloße *Besitz*,
d. h. die tatsächliche Gewalt über einen Gegenstand,
stellt einen erpreßbaren Vermögensbestandteil dar[16]).

*Jurisprudenz
als Grenze
göttlicher
Allwissenheit*

---

[16]) Zwischen Freiheitsberaubung und Erpressung besteht Tateinheit
(§ 52 StGB); Wotan und Loge sind Mittäter (§ 25 Abs. 2 StGB).

4.

TATKOMPLEX:
FASOLTS TOD

Der von den Göttern an die Riesen weitergereichte Hort
führt sogleich zu Meinungsverschiedenheiten zwischen
denselben. Namentlich über den ferneren Verbleib des
Ringes kommt keine Einigung zustande. Fasolt, der
sich durch den Verlust Freias besonders schwer getroffen
fühlt, glaubt daraus ein Vorzugsrecht für sich ableiten zu
können.

Fasolt
(stürzt sich auf Fafner, der immerzu eingesackt hat):
> Zurück, du Frecher!
> Mein ist der Ring!
> Mir blieb er für Freias Blick.

Fafner
> Fort mit der Faust!
> Der Ring ist mein!
> Er streckt Fasolt mit einem Streiche zu Boden, dem Sterbenden
> entreißt er hastig den Ring.
>
> Nun blinzle nach Freias Blick;
> an den Reif rührst du nicht mehr!

Begriff
der Habgier

Ein klarer Fall von Mord also (§ 211 StGB), wobei als
der vom Gesetz geforderte niedrige Beweggrund Fafners
*ungesundes, sittlich verwerfliches, übermäßig starkes
triebhaftes Verlangen, ein Gut* (sc. den Ring) *um jeden
Preis unter Mißachtung der Rechte und Interessen Dritter* (i. e. Fasolts) *für sich zu haben*[17] – anders gefaßt:
die bei ihm vorherrschende *Steigerung des Erwerbssinns*

---

[17] Entscheidungen des Bayerischen Obersten Landesgerichts in Strafsachen 1951, S. 52.

auf ein ungewöhnliches, sittlich anstößiges Maß[18]) – mit
einem Wort: *Habgier* anzusehen ist.
Kriminalhistorisch betrachtet, tritt Fafner damit in den
Kreis der berühmten Geschwistermörder Kain, Claudius
(Hamlets Onkel), Olnhausen[19]) und Schütt[20]), deren Un-
taten noch heute unvergessen sind.

---

[18]) Schönke-Schröder. Kommentar zum Strafgesetzbuch, Anm. III 1 c)
zu § 211.

[19]) Der Pfarrerssohn Ludwig v. Olnhausen erschoß aus ungeklärten
Gründen seinen älteren Bruder und zerschmetterte den Kopf des
Toten. *Fünf bis acht Minuten stand ich betrachtend neben ihm und
weinte aus Mitleid über ihn und mich.* Plötzlich erschienen ihm
vier Raben, die *sich mir nahten und mich anzupacken drohten.*

[20]) Günther Schütt aus Bonn, mißgestalt und lahm, vergiftete erst
seinen Vater, dann seinen jüngeren Bruder, dem er die Verlobte
neidete. Bei dem Leichnam fand man einen Zettel mit der Auf-
schrift:
*In deiner schönsten Jugendzeit
rief Gott dich in die Ewigkeit.*

ERSTER TAG:
DIE WALKÜRE

SACHVERHALT:

Auf der Flucht gerät der heimatvertriebene Siegmund, ein unehelicher Sohn Wotans, in die Wohnküche des Riesen Hunding, der seinen Gast sogleich als notorischen Querulanten entlarvt[21]). Um so günstiger urteilt Hundings Gattin Sieglinde: sie glaubt in Siegmund keinen Geringeren als ihren verschollenen Zwillingsbruder wiederzuerkennen. Während der Riese seinen Schwager für den nächsten Tag zum Zweikampf fordert, faßt dieser, der nahen Verwandtschaft ungeachtet, zur Hausfrau eine Neigung, die nicht ohne Folgen bleibt.

Wotan, ursprünglich gesonnen, seinem illegitimen Abkömmling den Sieg zu verleihen, wird von Fricka umgestimmt und läßt Siegmund durch dessen – gleichfalls außerehelich zur Welt gekommene – Halbschwester Brünnhilde[22]) das Todesurteil verkünden. Durch den Anblick des Geschwisterpaares gerührt, trotzt Brünnhilde jedoch der väterlichen Weisung, so daß sich Wotan zu persönlichem Eingreifen genötigt sieht: er zerschmettert Siegmunds Schwert, das dieser sich in seinem Nachtquartier heimlich zugeeignet hat; Hunding tötet den Wehrlosen, wird aber gleich darauf selbst von Wotan nieder-

---

[21]) Siegmund selbst, der bezeichnenderweise unter falschem Namen auftritt, muß auf Befragen einräumen:

Was Rechtes je ich riet,
andern dünkte es arg;
was schlimm immer mir schien,
andere gaben ihm Gunst.
In Fehde fiel ich, wo ich mich fand;
Zorn traf mich, wohin ich zog.

[22]) s. Stammbaum Tafel I auf S. 31.

gestreckt. Brünnhilde wird zur Strafe für ihre Insubordination auf einem feurigen Felsen eingeschläfert: wer die Lohe durchdringt, soll sie ehelich besitzen.

Wiederum zerfällt der Sachverhalt in vier deutlich voneinander abgrenzbare Tatkomplexe:
1. Siegmunds Verkehr mit Sieglinde
2. Die Wegnahme des Schwertes
3. Der Zweikampf zwischen Siegmund und Hunding
4. Wotans sogenannter »Feuerzauber«.

1.

TATKOMPLEX:
SIEGMUNDS VERKEHR MIT SIEGLINDE

> Braut und Schwester
> bist du dem Bruder!

ruft Siegmund seiner Gastgeberin zu, nachdem sich der Hausherr zu Bett begeben hat, und *zieht sie mit wütender Glut an sich; sie sinkt mit einem Schrei an seine Brust.* Begreiflich, daß der sonst nicht eben prüde Wagner die Regieanweisung mit den Worten schließt: *Der Vorhang fällt schnell.* Begreiflich auch, daß die stets auf Zucht bedachte Fricka kritisch anmerkt:

> Mir schaudert das Herz,
> mir schwindelt mein Hirn:
> bräutlich umfing
> die Schwester der Bruder!

Sieglindes Blitzschwangerschaft

Daß es die Geschwister nicht bei bloßen Tändeleien bewenden ließen, beweist die bereits zwei Stunden später (sic!) einsetzende Schwangerschaft Sieglindes, die Brünnhilde mit klarem Blick und der Mahnung diagnostiziert:

Tafel I

STAMMBAUM DER LICHTALBEN

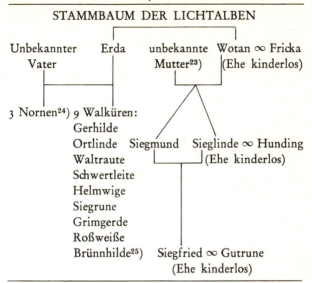

Rette das Pfand,
das von ihm du empfingst:
ein Wälfung wächst dir im Schoß!

Hier liegt ein geradezu klassischer Fall von Blutschande vor (§ 173 StGB). Anders als in dem bekannten Lehr-

---

[23]) Von der eifersüchtigen Fricka als »Wölfin« bezeichnet; übrigens eine schlagende Widerlegung der Behauptung, daß *mater semper certa est*.

[24]) Erda:
  Drei der Töchter,
  ur-erschaffne,
  gebar mein Schoß.

[25]) Wotan:
  Mit Liebeszauber
  zwang ich die Wala (i. e. Erda).
  Der Welt weisestes Weib
  gebar mir, Brünnhilde, dich.
  Mit acht Schwestern
  zog ich dich auf.

beispiel von der Hamburger Bordellwirtin[26]) sind sich beide Geschwister auch der Tragweite ihres Tuns bewußt. Sie stellen sich dadurch auf eine Stufe mit dem römischen Kaiser Caligula, der mit seinen sämtlichen Schwestern Inzest beging und besonders der einen, Drusilla, bis zum Wahnsinn nachstellte; nach ihrem Tode (38 n. Chr.) ließ er sie unter die Götter versetzen, womit sie sich – dies haben unsere Ausführungen bewiesen – durchaus in passender Gesellschaft befand.

Einen besonders abstoßenden Fall *doppelten* Inzests berichtet Thomas Mann in seinem Spätwerk »Der Erwählte«: *Wiligis und Sybilla hielten sich aber an ihren Händen auf Schritt und Tritt und waren wie ein Paar Zwergsittiche und Gesellschaftspapeganen.* Nicht lange bleibt es beim Händchenhalten: die noch pubeszierende Schwester wird von einem kräftigen Knaben entbunden, den sie, kaum daß er seinerseits mannbar geworden, ehelicht. Daß dieser Sohn-Mann Gregorius schließlich zum Papst avanciert, muß jeder Deutsche und Christ als blanken Hohn empfinden[27]).

Siegmund und Sieglinde, um auf diese zurückzukommen, begehen mit der Blutschande zugleich Ehebruch, dessen Strafbarkeit bedauerlicherweise vom Bundestag aufgehoben wurde[28]).

---

[26]) Die pervers veranlagte Bordellmutter bringt einen Matrosen, den sie als Bruder eines ihrer »Volksempfänger« erkennt, mit seiner Schwester zusammen; da beide getrennt aufgewachsen sind, vollziehen sie ahnungslos miteinander den Beischlaf. (Vgl. hierzu die hervorragende Dissertation von Jörg v. Uthmann, Der Urheber des Verbrechens, München 1963, S. 21).

[27]) Der gleiche Thomas Mann scheut sich nicht, in der Novelle »Wälsungenblut« auch der unheiligen Allianz von Siegmund und Sieglinde ein Denkmal zu setzen.

[28]) Bekannt ist, daß Richard Wagner auch in seinem Privatleben eine starke Neigung zu gebundenen Frauen an den Tag legte. Weniger bekannt dürfte sein, daß die alten Römer ihren Ehebrecherinnen zur Strafe eine Meeräsche — mundartlich auch Rotzfisch genannt — oder einen Rettich in die Gesäßfalte zu treiben pflegten: ein Verfahren, dessen Wiedereinführung angesichts der gegenwärtigen Sittenverrohung ernsthaft zu erwägen wäre.

2.

TATKOMPLEX:
DIE WEGNAHME DES SCHWERTES

Der für den Zweikampf mit seinem Quartiergeber nur
unzulänglich gerüstete Siegmund entdeckt zu seiner
freudigen Überraschung ein in das Paradestück der
Hundingschen Wohnungseinrichtung, eine mächtige
Zieresche, eingerammtes Schwert, das er sich unverzüg-
lich mit dem Taufspruch aneignet:

> Notung! Notung!
> So nenn ich dich, Schwert.
> Notung! Notung!
> Neidlicher Stahl!
> Zeig deiner Schärfe
> schneidenden Zahn;
> heraus aus der Scheide zu mir!

> Er zieht mit einem gewaltigen Zuck das Schwert aus dem
> Stamme und zeigt es der von Staunen und Entzücken erfaß-
> ten Sieglinde.

Wieder drängt sich der Verdacht des Diebstahls auf.
Dieser hat, wie wir gesehen haben, zur Voraussetzung,
daß die gestohlene Sache eine »fremde« ist. Einfacher
gefragt: Ist Hunding Eigentümer des Schwertes? Wenn
ja, wie erlangte er dasselbe?

Wer ist
Eigentümer
des
Schwertes?

Während seiner Verehelichung mit Sieglinde, so berichtet
letztere, sei *ein Greis in blauem Gewand* – notabene
kein Geringerer als Wotan selbst – unter die Hochzeits-
gäste getreten und habe das Schwert vor aller Augen
in die Esche gestoßen:

> Dem sollte der Stahl geziemen,
> der aus dem Stamm ihn zög'.

Der Männer alle,
so kühn sie sich mühten,
die Wehr sich keiner gewann.
Gäste kamen
und Gäste gingen,
die stärksten zogen am Stahl —
keinen Zoll entwich er dem Stamm.

Eine populärwissenschaftliche Betrachtungsweise würde hieraus sogleich den Schluß ziehen, Hunding scheide als Eigentümer von vornherein aus; das Schwert gehöre Siegmund, da er allein die mit dem Eigentumserwerb verknüpfte Bedingung erfüllt habe.

Diese Annahme ist zwar richtig, aber voreilig. Sie übersieht, daß Eigentum auch auf andere Weise als durch Einigung und Übergabe – d. h. Erlangung der tatsächlichen Gewalt über die Sache ($\S\S$ 929, 854 BGB) – erworben werden kann, z. B. durch *Ersitzung*. Diese setzt allerdings zehnjährigen ununterbrochenen Besitz der Sache voraus ($\S$ 937 BGB). Ob Hunding und Sieglinde zum Zeitpunkt der Entwendung des bis dahin namenlosen Schwertes bereits zehn Jahre vermählt waren, läßt sich dem vorliegenden Sachverhalt nicht entnehmen, so daß zu einem anderen Erwerbstatbestand Rekurs genommen werden muß:

Wird eine bewegliche Sache mit einem Grundstücke dergestalt verbunden, daß sie wesentlicher Bestandteil des Grundstücks wird, so erstreckt sich das Eigentum an dem Grundstück auf diese Sache. ($\S$ 946 BGB)

Der naheliegende, aber laienhafte Einwand, die Esche sei kein Grundstück, wird durch $\S$ 94 BGB entkräftet: *Zu den wesentlichen Bestandteilen eines Grundstücks gehören die mit dem Grund und Boden fest verbundenen Sachen ... Samen wird mit dem Aussäen, eine Pflanze wird mit dem Einpflanzen wesentlicher Bestandteil des Grundstücks.*

Der somit statuierten Wesentlichkeit steht auch der

Neubayreuther Inszenierungsstil nicht entgegen, dem, sicherem Vernehmen nach, künftig auch die Esche zum Opfer fallen soll.

Zimmerpflanzen sind lediglich dann nicht als Bestandteile des Grundstücks anzusehen, wenn sie in Töpfen, Krügen, Vasen o. ä. aufbewahrt werden, also ohne weitere Umstände aus dem Grundstück entfernt werden können. Ähnliches gilt von den Anpflanzungen einer Baumschule, deren Verbindung mit dem Erdreich bestimmungsgemäß eine nur vorübergehende ist[29]). Beides trifft jedoch auf die in Rede stehende Zieresche nicht zu, deren *stark erhabene Wurzeln sich weithin in den Erdboden verlieren* (Regieanweisung), so daß eine Exstirpation ohne schwere Eingriffe in die Dielen kaum zu bewerkstelligen wäre.

Mit der Klassifizierung der Esche als *wesentlichen Bestandteil* des Hundingschen Anwesens ist freilich noch nichts darüber gesagt, ob auch das Schwert seinerseits wesentlicher Bestandteil der Esche und damit indirekt des gesamten Hausgrundstücks geworden ist.

Esche — wesentlicher Bestandteil der Hundingschen Wohnküche

Diese Frage ist zu verneinen. Denn entscheidendes Merkmal der Wesentlichkeit eines Bestandteils ist, ob seine Abtrennung *zur Vernichtung wirtschaftlicher Werte führt, oder ob die Teile nach der Trennung wirtschaftlich wie bisher verwendbar sind*[30]). Wie das nachfolgende Duell schlagend beweist, hat das Schwert durch die Herauslösung aus dem Baumstamm keinerlei Minderung seiner Gebrauchsfähigkeit erlitten; dasselbe dürfte hinsichtlich der Esche der Fall sein.

Notung jedoch kein wesentlicher Bestandteil der Esche

Die Verbindung zwischen Schwert und Esche ist demnach keine so enge, daß Hunding in seiner Eigenschaft als Eigentümer der Esche automatisch auch Eigentümer des Schwertes geworden wäre. Es bleibt vielmehr bei der

---

[29]) Vgl. Entscheidungen des Reichsgerichts in Zivilsachen, Bd. 105, S. 215.

[30]) Palandt, Bürgerl. Gesetzbuch, Anm. 3 zu § 93.

von Wotan gewollten *Übereignung an den, den es angeht:* Das Schwert steht Siegmund rechtmäßig zu; ein Diebstahl liegt nicht vor.

Ob die Esche ein »Behältnis« im Sinne von § 243 Ziff. 2 StGB[31]) ist, kann folglich dahingestellt bleiben.

3.

TATKOMPLEX:
DER ZWEIKAMPF ZWISCHEN SIEGMUND UND HUNDING

Die ganze Bühne ist in schwarze Gewitterwolken gehüllt, fortwährender Blitz und Donner.

Hundings Stimme
(im Hintergrunde vom Bergjoche her):

Wehwalt! Wehwalt![32])
Steh mir zum Streit,
sollen dich Hunde nicht halten!

Siegmund
(ebenfalls vom Joche her):

Wähnst du mich waffenlos,
feiger Wicht?
Deines Hauses
heimischem Stamm
entzog ich zaglos das Schwert;
seine Schneide schmecke jetzt du!

Ein Blitz erhellt für einen Augenblick das Bergjoch, auf welchem jetzt Hunding und Siegmund kämpfend gewahrt werden. In dem Lichtglanze erscheint Brünnhilde über Siegmund schwebend und diesen mit dem Schilde deckend.

---

[31]) *In besonders schweren Fällen wird der Diebstahl mit Freiheitsstrafe von drei Monaten bis zu zehn Jahren bestraft. Ein besonders schwerer Fall liegt in der Regel vor, wenn der Täter ... (2) eine Sache stiehlt, die durch ein verschlossenes Behältnis oder eine andere Schutzvorrichtung gegen Wegnahme besonders gesichert ist.*

[32]) Siegmunds Deckname.

Brünnhilde

Triff ihn, Siegmund!
Traue dem Schwert!

Als Siegmund soeben zu einem tödlichen Streiche auf Hunding
ausholt, bricht von links her ein glühend rötlicher Schein durch
das Gewölk aus, in welchem Wotan erscheint, über Hunding
stehend, und seinen Speer Siegmund quer entgegenhaltend.

Wotan

Zurück vor dem Speer!
In Stücken das Schwert!

Brünnhilde weicht erschrocken vor Wotan zurück; Siegmunds
Schwert zerspringt an dem vorgehaltenen Speere. Dem Un-
bewehrten stößt Hunding seinen Speer in die Brust. Siegmund
stürzt tot zu Boden.

Wotan (zu Hunding):

Geh hin, Knecht!
Knie vor Fricka:
meld ihr, daß Wotans Speer
gerächt, was Spott ihr schuf.
Geh, Geh!

Vor seinem verächtlichen Handwink sinkt Hunding tot zu Boden.

Zwei Tote also sind das traurige Resultat des Zwei-
kampfs. Unter einem solchen ist der verabredete Kampf
zweier Personen zu verstehen, der mit tödlichen Waffen
nach vereinbarten oder hergebrachten Regeln ausgetragen
wird[33]. Bis 1969 gab es für den Zweikampf Sonder-
regeln und die Nobelstrafe der *Einschließung*. In einer
Epoche, in der Ehrenmänner rar geworden sind, war das
Aussterben von Ehrenhändeln nur noch eine Frage der
Zeit. Der Gesetzgeber hat aus dieser Entwicklung die
Konsequenz gezogen und den Zweikampf gewöhnlichen
Schlägereien gleichgestellt, die je nach ihrem Ausgang
als Körperverletzung oder Totschlag zu qualifizieren
sind. Das seinerzeitige Angebot der Konservativen im
kaiserlichen Reichstag an die Sozialdemokraten »Gebt

---

[33] Entscheidungen des Reichsgerichts in Strafsachen (im folgenden kurz
RGSt), Bd. 52, S. 56.

ihr uns unsern Zweikampf, kriegt ihr eure Abtreibung!«
ist damit vollends gegenstandslos geworden.

In das hier zu prüfende Duell sind – mittelbar oder
unmittelbar – fünf Personen verstrickt, deren Strafbarkeit gesondert zu untersuchen ist:

a) Siegmund

Wiewohl erstes Opfer des Zweikampfes, hat sich Siegmund des versuchten Mordes (§§ 211,23 StGB) schuldig
gemacht. Seine erklärte Absicht war darauf gerichtet,
den Ehemann seiner Schwester zu beseitigen, um sich
ungestört seinem blutschänderischen Vergnügen mit eben-
dieser hinzugeben. Damit ist das Mordmerkmal des *nied-
rigen Beweggrunds* gegeben[34]).

b) Hunding

Hundings Motiv, Siegmund nach dem Leben zu trachten, kann demgegenüber nicht als niedrig bezeichnet
werden. Ihm geht es darum, seinen Hausfrieden und
seine notleidende Ehe wiederherzustellen. Er ist daher
nicht als Mörder, sondern nur als Totschläger im Sinne
von § 212 StGB zu bestrafen. Die Strafmilderung des
§ 213 StGB greift hingegen nicht Platz: Zwar ist der
Riese *durch eine schwere Beleidigung von dem Getöteten
zum Zorne gereizt worden*[35]), jedoch wurde er durch sie
nicht, wie es die Vorschrift verlangt, *auf der Stelle zur
Tat hingerissen*[36]). Daher bewendet es beim gewöhnlichen Totschlag.

---

[34]) Als Beispiele niedriger Beweggründe hat die Rechtsprechung an-
gesehen: Tötung der Ehefrau zwecks Gewinnung einer anderen,
Wut wegen Verweigerung des außerehelichen Geschlechtsverkehrs
u. ä. (vgl. Schwarz-Dreher, a. a. O., Anm. 1 B a) zu § 211 StGB).

[35]) Ehebruch mit der Gattin des Täters gilt als ausreichend (RGSt in:
Jur. Wochenschrift Bd. 30, S. 919).

[36]) *Auf der Stelle* heißt: solange der durch die Provokation hervor-
gerufene Erregungszustand anhält (RGSt Bd. 66, 160). War der
Täter — wie im vorliegenden Fall Hunding — schon vorher zum
Totschlag entschlossen, so kommt § 213 nicht zur Anwendung (Entscheidungen des Bundesgerichtshofs in Strafsachen Bd. 21, S. 14).

c) Brünnhilde
Von Wotan beauftragt, den Tod ihres Halbbruders herbeizuführen, läßt sich Brünnhilde, von ihrem Opfer zunächst als *arge, fühllose Maid* beschimpft, schließlich umstimmen.

> Das Schlachtlos wend' ich:
> dir, Siegmund,
> schaff ich Segen und Sieg!

An der Ausführung ihres treuwidrigen Vorhabens sieht sie sich indes durch das persönliche Eingreifen ihres Vaters gehindert, so daß ihr lediglich *versuchte* Beihilfe zum Totschlag Hundings angelastet werden kann. Diese steht jedoch seit dem 4. 8. 1953 nicht mehr unter Strafe.

d) Wotan
ist sowohl am Tode Siegmunds wie Hundings maßgeblich beteiligt. Während er sich im ersten Fall auf die Zerschmetterung von Siegmunds Schwert beschränkt und den eigentlichen Tötungsakt Hunding überläßt, nimmt er die Liquidation des letzteren persönlich in die Hand. Er macht sich demgemäß doppelt strafbar: einmal der Beihilfe zum Totschlag (§§ 212, 27 StGB), einmal des Totschlags selbst (§ 212 StGB), wobei die leibliche Verwandtschaft zum Erstopfer strafschärfend ins Gewicht fällt.

Totschlag und Beihilfe zum Totschlag in Tatmehrheit

e) Fricka
Wotans sarkastische Abschiedsworte an Hunding beweisen, daß die eigentliche Urheberschaft für Siegmunds Hintritt bei Fricka zu suchen ist. In der Tat hatte die kinderlose Frau, über die außereheliche Fruchtbarkeit ihres Gatten begreiflicherweise erbittert, diesem die Beseitigung des verhaßten Querschlägers abgetrotzt:

> Der Wälsung fällt meiner Ehre!
> Empfah ich von Wotan den Eid?

Wotan

(in furchtbarem Unmut und innerem Grimm auf einen Felsensitz sich werfend):

Nimm den Eid!

Anstiftung
zum Mord

Fricka hat sich damit nicht nur der Anstiftung zum Totschlag, sondern gemäß § 28 Abs. 2 StGB sogar der Anstiftung zum *Mord* schuldig gemacht, da ihre Rachsucht einen *niederen Beweggrund* im Sinne von § 211 StGB darstellt. Sie hat daher eine lebenslange Freiheitsstrafe verwirkt.

4.

TATKOMPLEX:
WOTANS SOGENANNTER »FEUERZAUBER«

Der über Brünnhildes Unbotmäßigkeit schwer verstimmte Wotan enthebt seine Tochter sämtlicher Funktionen und schläfert sie auf einem Felsen mit der Maßgabe ein, sie solle dem erstbesten Passanten bräutlich zufallen:

In festen Schlaf
verschließ ich dich.
Wer so die Wehrlose weckt,
dem ward, erwacht, sie zum Weib!

Jungfräuliche
Besorgnisse

Brünnhilde, besorgt, ihre Jungfräulichkeit an einen Unwürdigen zu verlieren, ersucht ihren Vater, den Felsen wenigstens in Feuer zu hüllen; wer dieses durchdringe, so folgert sie in scharfsinniger Voraussicht künftiger Geschehnisse, könne jedenfalls kein Duckmäuser sein. Daß ihr eigener Neffe sie wecken würde, dürfte freilich nicht einmal sie geahnt haben.

Auf dein Gebot entbrenne ein Feuer;
den Felsen umglühe
lodernde Glut.

Es leck' ihre Zung',
es fresse ihr Zahn
den Zagen, der frech sich wagte,
dem freislichen Felsen zu nahn!

Wotan, mittlerweile längst besänftigt, betraut den hier-
für zuständigen Loge mit der Brandlegung:

Herauf, wabernde Lohe,
umlodre mir feurig den Fels!
Er stößt dreimal mit dem Speer auf den Stein.

Loge! Loge! Hieher!
Dem Stein entfährt ein Feuerstrahl, der zur allmählich immer
helleren Flammenglut anschwillt. Lichte Brunst umgibt Wotan
mit wildem Flackern.

Durch die Verbannung Brünnhildes macht sich Wotan
in doppelter Weise schuldig:

a) der Freiheitsberaubung
Indem er seine Tochter in einen die ungehinderte Ent-
faltung ihres stark entwickelten Bewegungsdranges aus-
schließenden Dämmerzustand versetzt, beraubt er sie im
Sinne von § 239 StGB *des Gebrauches der persönlichen
Freiheit;* da der Freiheitsentzug länger als eine Woche
dauert, trifft ihn sogar die in Absatz 2 angedrohte er-
höhte Strafe (Freiheitsentzug zwischen 1 und 10 Jahren).

b) der Nötigung
Wegen dieser wird bestraft, *wer einen anderen rechtswidrig mit Gewalt oder durch Drohung mit einem empfindlichen Übel zu einer Handlung, Duldung oder Unterlassung nötigt* (§ 240 StGB). Daß die Aufoktroyierung
eines völlig unbekannten, hergelaufenen Lebenspartners
auf Wotans Seite als »Gewalt«, auf Brünnhildes Seite
als »Duldung« anzusehen ist, sieht wohl auch der Nicht-
jurist auf Anhieb ein.

Als ungleich gravierender ist jedoch Wotans von der Wagnergemeinde zum »Feuerzauber« verniedlichte Zündelei zu werten, in der wir nicht weniger als eine ausgewachsene *Brandstiftung* zu erblicken haben. Wegen einer solchen wird bestraft, *wer vorsätzlich Gebäude, Schiffe, Hütten, Bergwerke, Magazine, Warenvorräte, welche auf dazu bestimmten öffentlichen Plätzen lagern, Vorräte von landwirtschaftlichen Erzeugnissen oder von Bau- und Brennmaterialien, Früchte auf dem Feld, Waldungen oder Torfmoore in Brand setzt, wenn diese Gegenstände ... fremdes Eigentum sind* (§ 308 StGB).

Begriff der Brandstiftung

Letzteres können wir ohne Bedenken unterstellen, denn aus dem Sachverhalt ergibt sich keinerlei Anhaltspunkt, daß der den Fels umgebende Tannenwald etwa Wotan gehöre. Viel eher ist anzunehmen, daß derselbe die Allmende der dort belegenen Weiler bildet, deren Schulzen sich freilich mit Rücksicht auf die gesellschaftliche Stellung der Übeltäter jeden Einspruchs weislich enthalten.

Daß Wotan die Brandlegung nicht in eigener Person vornimmt, sondern durch sein Subjekt Loge durchführen läßt, ist ohne Belang: In seiner Hand laufen die Fäden zusammen, er entscheidet über das Ob und Wie der Tatausführung, so daß er zwar nicht als unmittelbarer, wohl aber als *mittelbarer Täter* der Brandstiftung anzusehen ist – was für die Strafzumessung beiläufig keinen Unterschied macht. Loge wird als Gehilfe, Brünnhilde (von der die ganze Idee mit dem »Feuerzauber« stammt) als Anstifterin bestraft.

Auch dem psychoanalytisch ungeschulten Leser wird die *sexuelle Komponente* der Brandstiftung, die in der öffentlichen Preisgabe der wehrlos gemachten virgo intacta unverkennbar zutage tritt, aufgefallen sein; sie erhellt bereits aus der etymologischen Ambivalenz des Wortes »Feuersbrunst«. So verschaffte der bekannte Massenmörder Kürten seinem ausschweifenden Lebenswandel nicht nur durch Würgen, sondern auch durch gelegentliches Zündeln Erleichterung: *Das Geschrei der Leute und der Feuerschein taten mir immer wohl. Es war ein schönes Schauspiel, wenn bei dem scharfen Ostwind eine Kiefer nach der andern in Flammen aufging – das war wundervoll*[37]). Auf den atavistischen Zusammenhang zwischen feurigen Träumen und Harnsekretion hat Grass aufmerksam gemacht[38]). Bei Frauen tritt namentlich aufgrund von Menstruationsstörungen ein unbezähmbarer Reizhunger nach optischen Sensationen auf. Bekannt ist auch, daß Senile ihre Altersdepressionen häufig durch Legen von Bränden abzureagieren suchen. Mikorey[39]) schildert eine 62jährige Spätdiabetikerin: *Man fand sie zitternd eingesperrt in einem Klosett vor, während die Villa ausgeplündert und in Brand gesteckt worden war.* Von einer ähnlichen Bußübung des angejahrten Wotan ist freilich nirgendwo die Rede.

[Marginalie: Feurige Träume und Harnsekretion]

---

[37]) Vgl. Mostar-Stemmle, Todesurteil, S. 217 ff.

[38]) *Wer Feuer träumt, das Bettchen näßt.* (Die Blechtrommel, S. 464.)

[39]) in: Walter Doberauer, Alter und Krankheit (Wien 1957), S. 77.

ZWEITER TAG:
SIEGFRIED

SACHVERHALT:

Siegfried, Sproß des blutschänderischen Wälsungenpaares,
wächst nach dem Tode seiner Mutter bei dem bereits aus
»Rheingold« bekannten Zwerg Mime auf, wo er sich
zu einem bärenstarken, geistig eher anspruchslosen Jüng-
ling rein deutscher Wesensart entwickelt. Mime, der es
auf den von Fafner gehüteten Hort abgesehen hat,
stachelt Siegfried zur Beseitigung des unterdes zum Lindwurm mutierten Eigners auf; nach vollbrachter Untat
will er sein Ziehkind selbst aus der Welt schaffen. Siegfried durchschaut jedoch den Anschlag: er macht sowohl
Fafner wie Mime den Garaus. Ein Vogel weist ihm den
Weg zu dem feurigen Felsen, auf dem seine Tante Brünnhilde schmachtet. Der in bezug auf Frauen gänzlich un-
erfahrene Held durchschreitet die Lohe und entbrennt
sogleich in nie gekannter Wallung für die betagte Schläferin, die sich, kaum erwacht, ihrem Neffen hingibt.

Diesmal haben wir 3 strafrechtlich relevante Tatkomplexe vor uns:

1. Siegfrieds Zweikampf mit Fafner
2. Die Tötung Mimes
3. Siegfrieds Beziehung zu seiner Tante Brünnhilde.

1.

TATKOMPLEX:
SIEGFRIEDS ZWEIKAMPF MIT FAFNER

Fafner

in der Gestalt eines ungeheuren eidechsenartigen Schlangen-
wurms, hat sich in der Höhle von seinem Lager erhoben; er
bricht durch das Gesträuch und stößt einen lachenden Laut aus:

Trinken wollt' ich:
nun treff' ich auch Fraß!

Er öffnet seinen Rachen und zeigt die Zähne.

Siegfried

Eine zierliche Fresse
zeigst du mir da,
lachende Zähne
im Leckermaul!
Gut wär's, den Schlund dir zu schließen;
dein Rachen reckt sich zu weit!

Fafner

Zu tauben Reden
taugt er schlecht:
dich zu verschlingen
frommt der Schlund.

Er droht mit dem Schweife.

Siegfried

Hoho! Du grausam
grimmiger Kerl!
Von dir verdaut sein,
dünkt mich übel.
Rätlich und fromm doch scheint's,
du verrecktest hier ohne Frist.

Fafner (brüllend):

Pruh! Komm,
prahlendes Kind!

Siegfried

Hab acht, Brüller!
Der Prahler naht!

Er zieht sein Schwert, springt Fafner an und bleibt heraus-
fordernd stehen. Fafner sprüht aus den Nüstern auf Siegfried
und sucht ihn mit dem Schweife zu erreichen. Siegfried weicht
dem Geifer aus, springt mit einem Satz über Fafner hinweg und
verwundet ihn am Schweife. Fafner brüllt, zieht den Schweif
heftig zurück und bäumt den Vorderleib, um mit dessen voller
Wucht sich auf Siegfried zu werfen; so bietet er diesem die Brust
dar. Siegfried erspäht schnell die Stelle des Herzens und stößt
sein Schwert bis an das Heft hinein. Fafner bäumt sich vor
Schmerz noch höher und sinkt, als Siegfried das Schwert los-
gelassen und zur Seite gesprungen ist, auf die Wunde zusammen.

Siegfried

Da lieg, neidischer Kerl:
Notung trägst du im Herzen!

Ob sich der Zweikampf tatsächlich so zugetragen hat, ist
nicht sicher. Hagen schildert den Vorgang etwas anders[40]):

Auf Gnitaheide
lag der Lintwurm, den Sigfrid listig
mit dem Spaten weit mehr als dem Speere besiegte;
denn er grub ihm ein Sturzloch nicht weit vom Gestade
auf des Wurmes gewöhnlichem Wege zum Wasser
und erstach ihn gefahrlos, versteckt in der Falle.
Auch das ist verbürgt, daß besonders die Beute
dem herrlichen Helden am Herzen gelegen:
Ein Habenichts war er von dunkelster Herkunft.

Für die rechtliche Bewertung ist es indes gleichgültig,
welche Version zutrifft. Maßgebend ist vielmehr die
Frage: Handelt es sich bei Fafner um ein Tier oder um
einen Menschen? Von der Antwort wird es abhängen,
ob sich Siegfried eines Totschlags schuldig gemacht hat
oder nur einer Tierquälerei.

Totschlag
oder
Tierquälerei?

---

[40]) Wilhelm Jordan, Die Nibelunge, Erstes Lied (Sigfridsage), Dritter
Gesang, Z. 7—15.

Dem aufmerksamen Zuschauer ist Fafner aus dem »Rheingold« als brudervertilgender Riese bekannt. Ihn plötzlich als Drachen wiederzutreffen, muß zunächst überraschen. Doch sind, genau besehen, derartige Zwitterexistenzen keine Seltenheit. In der griechischen Mythologie trieben die Zentauren, Söhne des nachmals auf ein feuriges Rad geflochtenen Ixion und einer Wolkenbildung namens Nephele, ihr trunk- und weibersüchtiges Unwesen. Neuerdings sind im Himalaja-Gebirge Exkremente und Haare des Schneemenschen Yeti gefunden worden; ihn selbst hat allerdings noch niemand zu Gesicht bekommen. Vom Jahrmarkt kennt man jene Monstren, die als zottige Zyklopen oder Fischmenschen mit schnappender Kiemenatmung ein verrohtes Publikum begeistern. Die Wolfszöglinge Romulus und Remus sind jedem Gebildeten geläufig. Weniger bekannt ist der sog. Pavianjunge Lukas aus Südafrika, den man wegen seiner rauhen Kehllaute lange für einen Affenzögling hielt; später entpuppte er sich freilich als ein Fall vernachlässigter Paralyse. Kafkas Held Gregor Samsa findet sich eines Morgens in seinem Bett zu einem *ungeheuren Ungeziefer* verwandelt. *Er lag auf seinem panzerartig harten Rücken und sah, wenn er den Kopf ein wenig hob, seinen gewölbten, braunen, von bogenförmigen Versteifungen geteilten Bauch, auf dessen Höhe sich die Bettdecke, zum gänzlichen Niedergleiten bereit, kaum noch erhalten konnte. Seine vielen, im Vergleich zu seinem sonstigen Umfang kläglich dünnen Beine flimmerten ihm hilflos vor den Augen*[41]).

Sämtliche der genannten Parallelbeispiele helfen uns jedoch für die rechtliche Analyse des vorliegenden Sachverhalts nicht weiter. Ebensowenig läßt sich aus der Tatsache, daß Fafner noch als Reptil hochdeutsch spricht, ein schlüssiges Indiz gewinnen: die gleiche Fähigkeit fin-

Tiermenschen (margin)

Beherrschung des Hochdeutschen kein Beweis für Menschlichkeit (margin)

---

[41]) Franz Kafka, Die Verwandlung, S. 23.

den wir ja auch beim gestiefelten Kater und den Bremer Stadtmusikanten.

Für die Beantwortung der Frage, ob wir in Fafner einen Menschen oder einen Drachen zu erblicken haben, kann daher ausnahmsweise allein die *Musik* den Ausschlag geben, die sonst, wie bereits dargelegt, die tatbestandliche Situation eher verdunkelt. Ausrufe wie

Pruh!*

lassen dem Hellhörigen denn auch keinen Zweifel daran, daß es sich nicht um menschliche, sondern um *Tierlaute* handelt.

Ein Totschlag auf seiten Siegfrieds scheidet daher aus der rechtlichen Betrachtung aus. Der Held ist vielmehr wegen Tötung eines Wirbeltieres gemäß § 17 des Tierschutzgesetzes mit Freiheitsstrafe bis zu 2 Jahren oder einer Geldbuße zu bestrafen. Die in § 19 vorgesehene Zusatzstrafe der Einziehung des mißhandelten Tieres greift hingegen nicht Platz, da Fafner nicht Siegfrieds Eigentum ist.

Auch *Wilderei* liegt nicht vor: Lindwürmer sind keine jagdbaren Tiere im Sinne von § 292 StGB.

2.

TATKOMPLEX:
TÖTUNG MIMES

Siegfried, einmal im Zuge, erledigt nach der Beseitigung Fafners auch seinen Ziehvater Mime, dessen arge Hintergedanken sich ihm nach flüchtigem Kosten des Drachenblutes enthüllen:

---

*) siehe Tafel II auf S. 50.

Tafel II

Mime

Sieh, du bist müde
von harter Müh,
brünstig wohl brennt dir der Leib.
Dich zu erquicken
mit queckem Trank
säumt' ich Sorgender nicht.
Als dein Schwert du dir branntest,
braut' ich den Sud.
Trinkst du nun den,
in Nacht und Nebel
sinken die Sinne dir bald:
ohne Wach' und Wissen
stracks streckst du die Glieder.
Liegst du nun da,
leicht könnt ich
die Beute nehmen und bergen:
doch erwachtest du je,
nirgends wär ich
sicher vor dir.
Drum mit dem Schwert,
das so scharf du schufst,
hau ich dem Kind
den Kopf erst ab:
dann hab ich Ruh und den Ring!

Er kichert, gießt den Saft in das Trinkhorn und führt dieses
Siegfried mit aufdringlicher Gebärde zu. Siegfried holt mit dem
Schwert aus. Er führt, wie in einer Anwandlung heftigen
Ekels, einen jähen Streich nach Mime; dieser stürzt sogleich tot
zu Boden.

Da das Opfer – im Gegensatz zum vorangegangenen –
trotz der Kleinheit seiner Statur fraglos als *Mensch* anzusehen ist, kann das Vorliegen eines Totschlags im
Sinne von § 212 StGB ohne weiteres bejaht werden.
Erwägung verdient jedoch das Bedenken, ob Siegfried,
da er dem Mordplan Mimes nur um Augenblicke zuvor-
kam, nicht unter Umständen in *Notwehr* gehandelt

Notwehr? habe[42]). § 32 StGB definiert Notwehr als *diejenige Verteidigung, welche erforderlich ist, um einen gegenwärtigen, rechtswidrigen Angriff von sich oder einem andern abzuwenden.*

Ein derartiger Angriff lag seitens Mimes unzweifelhaft vor. Fraglich ist indes, ob zur Abwendung des Angriffs der Hintritt des Gnomen »erforderlich« war. Diese Frage wird man verneinen müssen[43]). Um dem Giftmord zu entgehen, hätte es genügt, den Trunk ruhig zurückzuweisen resp. – der Übung an Renaissance-Höfen entsprechend – den Mundschenk zu ersuchen, selbst einen Probeschluck zu tun.

Da Siegfried statt dessen sogleich zur Waffe greift, liegt ein sog. *Notwehrexzeß* vor. Ein solcher ist nur dann nicht strafbar, *wenn der Täter aus Verwirrung, Furcht oder Schrecken die Grenzen der Verteidigung überschreitet. Eine Anwandlung heftigen Ekels* reicht zur Entlastung nicht aus.

Siegfried hat sonach eine Freiheitsstrafe nicht unter 5 Jahren verwirkt.

3.

TATKOMPLEX:
SIEGFRIEDS BEZIEHUNG ZU SEINER
TANTE BRÜNNHILDE

Die Wiedererweckung Brünnhildes durch Siegfried vollzieht sich unter Begleitumständen, wie sie bei Begegnungen von Tanten und Neffen zumindest unüblich sind.

---

[42]) Man erinnere sich der ähnlich gelagerten Problematik in Sacha Guitrys Film »Le Poison«, wo der gepeinigte Ehemann seine Frau vergiftet, ohne zu ahnen, daß diese ihm gleichzeitig den Tod durch das Beil zugedacht hat.

[43]) Anders im Wilden Westen: Dort wurde Notwehr bereits dann anerkannt, wenn das Opfer streitsüchtig war und aus Texas stammte. (Hans v. Hentig, Der Desperado, S. 207).

Der Drachentöter, der noch nie ein weibliches Wesen
erblickt hat, hält die Schläferin zunächst für einen Mann:

> Ha, in Waffen ein Mann!
> Wie mahnt mich wonnig sein Bild!

Der aufkeimende Verdacht, hier kündige sich ein Versuch widernatürlicher Unzucht am untauglichen Objekt
an[44]), erweist sich indes als unbegründet: des wirklichen
Geschlechts der Amazone kaum innegeworden, geht
Siegfried sogleich zu heterosexuellen Schwärmereien über:

*Wider-
natürliche
Unzucht am
untauglichen
Objekt?*

> Auf wonnigem Munde
> weidet mein Auge,
> in brünstigem Durst
> doch brennen die Lippen,
> daß der Augen Weide sie labe.
> Es braust mein Blut
> in blühender Brunst!
> O Weib, jetzt lösche den Brand,
> schweige die schäumende Glut!
>
> Er hat sie heftig umfaßt: sie springt auf, wehrt ihm mit der
> höchsten Kraft der Angst und entflieht nach der anderen Seite:

Brünnhilde
> Lachender Held!
> Laß, ach laß,
> lasse von mir!
> Nahe mir nicht
> mit der wütenden Nähe!
> Zwinge mich nicht
> mit dem brechenden Zwang,
> zertrümmre die Traute dir nicht!

---

[44]) Homosexuelle Neigungen bei sog. Kraftprotzen sind durchaus keine
Seltenheit: Der Gangster »Pretty Boy Floyd« errötete, wenn er
mit Mädchen sprach, und der berühmte Buffalo Bill galt bei Ein-
geweihten als *bildhübsche Blondine*.

Lange kann Brünnhilde seinem Drängen jedoch nicht
widerstehen: ja, sie ergreift schließlich die Initiative:

> Wie mein Blick dich verzehrt,
> erblindest du nicht?
> Fürchtest du nicht
> das wild wütende Weib?
> Sie umfaßt ihn heftig. Siegfried in freudigem Schreck:
>
> Ha!

Das Unvermeidliche geschieht: die ältliche Streitgenossin,
aus jahrzehntelangem Schlummer soeben erwacht, streckt
sich erneut aufs Lager:

> Meiner Stärke
> magdlichen Stamm
> nahm mir der Held,
> dem ich nun mich neige.

Zwei Delikte aus dem Bereich des Sexualstrafrechts
kommen zunächst in Betracht, scheiden jedoch nach nä-
herer Prüfung wieder aus:

a) Blutschande (§ 173 StGB)

Beischlaf zwischen Tante und Neffe straflos

Als solche gilt der Beischlaf zwischen Geschwistern sowie zwischen Verwandten und Verschwägerten in auf-
und absteigender Linie. Der Beischlaf von Tante und
Neffe ist zwar unmoralisch, aber nicht rechtswidrig.

b) Notzucht (§ 177 StGB)

Sie liegt vor, wenn ein Mann *durch Gewalt oder durch
Drohung mit gegenwärtiger Gefahr für Leib und Leben
eine Frau zur Duldung des außerehelichen Beischlafs
nötigt.*

Mit seinem stürmischen Werben ist Siegfried in der Tat
zunächst auf den Widerstand der noch schlaftrunkenen
Walküre gestoßen. Auch die Außerehelichkeit des Bei-

schlafs kann nicht ernstlich in Zweifel gezogen werden. Indes lag zum Zeitpunkt der Vereinigung der Geschlechtsteile auf seiten Brünnhildes nicht nur unrecht-ausschließendes Einverständnis[45]), sondern sogar eigenes Verlangen vor. Von Gewaltanwendung kann daher keine Rede sein.

Anders als in der »Zauberflöte«[46]), wo Sarastro dem liebestollen Mohren Monostatos 77 Sohlenstreiche zudiktiert und dafür vom Chor bejubelt wird:

Es lebe Sarastro, der göttliche Weise:
er lohnet und strafet in ähnlichem Kreise!

(was immer das bedeuten mag), gibt es im geltenden Recht keine Strafsanktion für Lüsternheit als solche. Siegfried und Brünnhilde bleiben daher straffrei.

---

[45]) Volenti non fit injuria. (Ulpian, lib. LVI ad Edict.)

[46]) Vgl. Gustav Radbruch, Das Strafrecht der Zauberflöte in: Vom edlen Geiste der Aufklärung (Filser-Verlag, 1948), S. 30.

DRITTER TAG:
GÖTTERDÄMMERUNG

SACHVERHALT:

Auf Anraten seines Gefolgsmannes Hagen kredenzt der in Worms wohnhafte ledige Gibichungenkönig Gunther seinem Gast Siegfried einen Willkommenstrunk, der dessen junge Leidenschaft für seine Tante so vollständig zum Erlöschen bringt, daß er sich bereit erklärt, die auf ihrem Hochsitz seiner Rückkunft harrende Brünnhilde in Gunthers Gestalt heim- und diesem zuzuführen; er selbst will sich mit Gunthers Schwester Gutrune begnügen. Die tödlich beleidigte Altwalküre stiftet Hagen zur Beseitigung ihres Neffen an – zu spät erkennt sie dessen Unschuld. Im Streit um den Nachlaß des Drachentöters erschlägt Hagen seinen Lehnsherrn Gunther, wird aber selbst beim Versuch, sich den Ring zuzueignen, von den Rheintöchtern ertränkt. Brünnhilde setzt das Anwesen der Gibichungen in Brand und gibt sich selbst den Tod.

Diesmal ergeben sich sogar 6 verschiedene Tatkomplexe:

1. Der Willkommenstrunk
2. Die gewaltsame Heimführung Brünnhildes
3. Siegfrieds Tod
4. Gunthers Tod
5. Hagens Tod
6. Brünnhildes Brandstiftung.

57

1.

TATKOMPLEX:
DER WILLKOMMENSTRUNK

Hagen

> Träte nun Siegfried ein,
> genöß er des würzigen Tranks,
> daß je ein Weib ihm genaht,
> vergessen müßt' er des ganz.

Der spielerische Potentialis wird mit Siegfrieds Erscheinen schlagartig bittere Wirklichkeit:

Gutrune

> trägt ein gefülltes Trinkhorn und naht damit Siegfried:
>
> Willkommen, Gast,
> in Gibichs Haus!
> Seine Tochter reicht dir den Trank.
>
> Siegfried setzt das Trinkhorn an und trinkt in einem langen Zuge. Er reicht das Horn an Gutrune zurück, die verschämt und verwirrt ihre Augen vor ihm niederschlägt. Siegfried heftet den Blick mit schnell entbrannter Leidenschaft auf sie.

Die Frage nach der Beschaffenheit dieses so überaus rasch wirkenden Getränks hat die Wagner-Forschung von jeher beschäftigt. Sein doppelter Effekt, nämlich die Einnebelung des – im vorliegenden Fall allerdings nur mäßig entwickelten – Intellekts bei gleichzeitiger Stimulierung der Geschlechtslust ähnelt den Folgeerscheinungen des Alkohols – freilich mit der Abweichung, daß dieser die Erinnerungsfähigkeit schlechthin erschüttert, wohingegen bei Siegfried ein lediglich partieller Gedächtnisschwund obwaltet, wie er etwa von Kopfschüßlern geläufig ist, die bei sonst unversehrter Gesundheit gewisse Umweltsegmente (z. B. Katzen oder Bierseidel) nicht mehr zu erkennen vermögen. Ein verwandtes Krankheitsbild entsteht infolge übermäßigen Genusses von Bromsalzen, welche die graue Rindensubstanz des Hirns angreifen. Denkbar wäre auch das Vorliegen einer

Gedächtnisschwund nach Kopfschuß oder übermäßigem Genuß von Bromsalzen

58

anamnesischen Aphasie infolge krankhafter Vorgänge in Siegfrieds linkem Schläfenlappen[47]).

Ungleich fesselnder ist indes die zweite, appetenzsteigernde Wirkung des von Gutrune dargereichten Getränks. Aphrodisiaka sind ja seit den frühesten Anfängen der Menschheit über die ganze Welt verbreitet. Während bei den alten Chinesen vor allem Moschus, der laut Theophrastus noch den *sexagesimum coitum* ermöglicht, und die Chinawurzel (*smilax*) im Schwange waren – letztere erlangte auch in Europa große Berühmtheit, da sie sich imstande zeigte, die Gicht Kaiser Karls V. zu lindern –, schwor Hippokrates, getreu seinem Grundsatz *Ubi stimulus, ibi affluxus* auf gepulverte spanische Fliegen aus der auf Syringen und Ligustern hausenden Familie der Blasenkäfer, die sich zur Zeit des Rokoko als *poudre de joie* oder *pastilles galantes* beispielloser Beliebtheit erfreuten, bis ihnen das aus Westafrika stammende Alkaloid Yohimbin ($C_{23}H_{32}N_2O_4$) ihre liebesmarktbeherrschende Stellung streitig machte. Als besonders geschickt in der Bereitung potenzsteigernder Getränke galten die thessalischen Frauen, aus deren zweifelhafter Küche jener »Philtron« genannte Sud hervorging, der sich u. a. aus der Zunge des Vogels Wendehals (Inyx) und dem pulpigen Fleisch des von Seeleuten als »Meerbischof« gefürchteten Kraken zusammensetzte. Das »Wirtembergische Apothekerbuch« empfiehlt dagegen folgendes wenig appetitliche Rezept:

Man nehme einen Mutterkuchen, ziehe die Häute und den Nabelstrang davon ab, reinige und wasche ihn in einer genugsamen Menge Weins, schneide ihn sodann in Stücke und trockne sie langsam. Wird das so erhaltene Material fein in Pulver zerrieben, so gewinnt man ein gutes Mittel, den Kropf zu vertreiben, die fallende Sucht zu heilen und als Aphrodisiakon zu wirken.

»Ubi stimulus ibi affluxus«

---

[47]) Grundlegend: Théodule Ribot, Les maladies de la mémoire (Paris, 1881).

Gefährliche Selbstversuche

Wie gefährlich Liebesmittel für den menschlichen Organismus sein können, haben die Selbstversuche von Ballatz und Leroy mit Phosphor gezeigt: als sich bei beiden Forschern ein schmerzhafter Priapismus einstellte, wurden die Experimente vorzeitig abgebrochen. Noch schlimmer erging es Ferdinand dem Katholischen, dem ersten König eines geeinten Spanien: er erlag den Tinkturen, mit denen ihm seine zweite Frau, Germaine de Foix, einen Thronerben abtrotzen wollte.

Von so durchschlagender Wirkung kann freilich bei Siegfried nicht die Rede sein. Immerhin erfüllen die bei ihm zu diagnostizierenden Ausfallerscheinungen die Tatbestandsmerkmale von § 229 StGB: *Wer vorsätzlich einem andern, um dessen Gesundheit zu beschädigen, Gift oder andere Stoffe beibringt, welche die Gesundheit zu zerstören geeignet sind, wird mit Freiheitsstrafe von einem Jahr bis zu 10 Jahren bestraft.* Kein Zweifel, daß die planmäßige Trübung des Erinnerungsvermögens eine Gesundheitszerstörung schwerster Art darstellt. Da Hagen als der eigentliche Drahtzieher in Erscheinung tritt, wird man ihn als *Täter* ansehen müssen; Gutrune, obzwar sie den Trank persönlich darreicht, ist nur seine *Gehilfin.*

Die in Absatz 2 mit schärferer Strafe bedrohte Herbeiführung des Verlustes eines wichtigen Gliedes trifft für Siegfried nicht zu, da es den Gibichungen auf dessen Funktionsfähigkeit ja gerade ankam.

2.

TATKOMPLEX:
DIE GEWALTSAME HEIMFÜHRUNG BRÜNNHILDES

Siegfried, vom Trank und Gutrunes Reizen betäubt, erbietet sich, damit auch Bruder Gunther auf seine Kosten komme, für diesen die schwer zugängliche Walküre zu erobern:

Gunther
            Wie willst du sie täuschen?

Siegfried
            Durch des Tarnhelms Trug
            tausch ich mir deine Gestalt.

Brünnhilde, die sich in die Rolle der Heldenbraut über-
raschend schnell hineingefunden hat, ist von dem Auf-
tauchen eines neuen Verehrers begreiflicherweise wenig
erbaut, fühlt sich vielmehr als Gebirgsabsteige mißdeutet:

            Zurück, du Räuber!
            Frevelnder Dieb!
            Erfreche dich nicht, mir zu nahn!
            Siegfried dringt auf sie ein; sie ringen miteinander. Brünnhilde
            windet sich los und flieht. Siegfried greift sie von neuem an.
            Sie schreit heftig auf und sinkt wie zerbrochen in seinen Armen
            nieder.

Siegfried
            Jetzt bist du mein,
            Brünnhilde, Gunthers Braut —
            gönne mir nun dein Gemach!

Von der ertrotzten Zimmergemeinschaft macht Siegfried   Nötigung
indes, wie sich zeigen wird, nur zurückhaltend Gebrauch: ist nicht
                                                           Notzucht

Siegfried
            (auf sein Schwert deutend):
            Zwischen Ost und West der Nord:
            so nah — war Brünnhild ihm fern[48]).

Auch Gunther kommt nicht zum Zuge: Bevor er sein
eheliches Guthaben einheben kann, hat Brünnhilde den
Schwindel durchschaut. In Ermangelung eines vollzoge-

---

[48]) Brünnhildes gegenteilige Behauptung:
            Er zwang mit Lust
            und Liebe ab
      wirkt angesichts ihrer verständlichen Verbitterung wenig glaubhaft.

nen Beischlafs scheidet Notzucht daher aus; es verbleibt
bei der bloßen *Entführung* im Sinne von § 237 StGB[49]),
wobei Siegfried als Täter, Gunther als Anstifter zu bestrafen ist.

Zu erwägen wäre ferner das Vorliegen eines *Ehebruchs*
auf seiten Siegfrieds. Beim seinerzeitigen Aufbruch des
damals noch vollsinnigen Drachentöters vom unstreitig
gemeinsamen Lager hatte Brünnhilde ihm die Mahnung
mit auf den Weg gegeben:

> Gedenk der Eide,
> die uns einen;
> gedenk der Treue,
> die wir tragen;
> gedenk der Liebe,
> der wir leben:
> Brünnhilde brennt dann ewig
> heilig dir in der Brust!

Eine Eheschließung ist hierin jedoch nicht zu erblicken,
allenfalls die Bekräftigung eines formlosen Verlöbnisses.
Der Bruch eines solchen bleibt straffrei, jedoch kann
Brünnhilde von Siegfried für ihr Entgegenkommen das
sog. »Kranzgeld« fordern: *Hat eine unbescholtene Verlobte ihrem Verlobten die Beiwohnung gestattet, so kann
sie, wenn die Voraussetzungen des § 1298 oder des
§ 1299 vorliegen* (d. h. im Falle der Auflösung des Verlöbnisses), *auch wegen des Schadens, der nicht Vermögens-
schaden ist, eine billige Entschädigung in Geld verlangen.* (§ 1300 BGB)

Abwegig ist die Annahme eines *Betruges* gemäß § 263
StGB aufgrund der bewußt herbeigeführten Personen-
verwechslung: Von der soeben erwähnten Ausnahme des
Kranzgeldes abgesehen, kommt nach absolut herrschen-

Brünnhildes Kranzgeld

---

[49]) Tatbestandsmerkmale s. o. (S. 20f.)

der Ansicht[50]) der Hingabe des eigenen Körpers zum Zwecke des Geschlechtsverkehrs kein in Geld zu veranschlagender Wert zu, so daß es hier an dem jedem Betrug wesensmäßig innewohnenden Tatbestandsmerkmal des »Vermögensschadens« fehlt.

Geschlechts-
verkehr keine
Vermögens-
verfügung

3.

TATKOMPLEX:
SIEGFRIEDS TOD

Brünnhildes Rachedurst[51]) und Hagens Habsucht[52]) stehen an der Wiege jener verhängnisvollen Kette unnatürlicher Todesfälle, mit der die Tetralogie nach 15-stündiger Dauer ihr grausiges Ende findet. Erstes Opfer ist Siegfried, dem auch Hagens Vater, der aus dem »Rheingold« unliebsam erinnerliche Gnom Alberich, und der durch Brünnhildes Enthüllungen über den wahren Hergang ihrer Entführung schwer gekränkte Gunther nach dem Leben trachten. Auf der Jagd

bohrt ihm den Tod
Hagens Geschoß vom Schulterblatt links
rücklings herein; zu den Rippen heraus
durchbricht er die Brust. Schrecklicher Schrei![53])

---

[50]) Vgl. Entscheidungen des Bundesgerichtshofs in Strafsachen, Bd. 4, S. 373.

[51]) Siegfried falle!
Sühn er die Schmach,
die er mir schuf!

[52]) Sterb er dahin,
der strahlende Held!
Mein ist der Hort,
mir muß er gehören!

[53]) Wilhelm Jordan, a.a.O., 23. Gesang a. E.

S i e g f r i e d (kriecht herein):
Mord! Mord! Ihr selbst? Beim Trinken!
Gunther, Gunther, verdient ich das um dich?
Ich stand dir bei in Not und Tod.

H a g e n
Haut Zweige von den Bäumen,
wir brauchen eine Bahre. Aber starke,
ein toter Mann ist schwer[54]).

Erblichen was sîn varwe: er kunde niht gestên.
sînes lîbes sterke, dîn muose gar zergên[55]).

Da das Opfer *heimtückisch,* d. h. unter Ausnutzung seiner Arg- und Wehrlosigkeit aus dem Weg geräumt wurde, liegt nicht nur Totschlag (§ 212 StGB), sondern, wie
der sterbende Siegfried zutreffend ausführt, sogar Mord
vor (§ 211 StGB). Hagen ist als Täter mit lebenslangem
Freiheitsentzug zu bestrafen; die andern Beteiligten sind
Anstifter bzw. Gehilfen[56]).

4.

TATKOMPLEX:
GUNTHERS TOD

Unmittelbar nach Siegfrieds Hinscheiden kommt es zwischen Gunther und Hagen zum Streit. Beide erheben
Anspruch auf den zum Nachlaß gehörigen Ring:

---

[54]) Fr. Hebbel, Die Nibelungen, II. Teil, 5. Aufzug, 2. Auftritt.

[55]) Nibelungenlied, 16. Aventiure, 987. Strophe.

[56]) Gunther kann sich nicht etwa darauf berufen, er habe im letzten
Augenblick versucht, Hagen in den bereits meuchlerisch erhobenen
Arm zu fallen: Wie Siegfrieds nachfolgendes Ableben beweist, war
es zu diesem Zeitpunkt für *tätige Reue* im Sinne von § 24 Abs. 2
StGB schon zu spät.

Hagen

> Ich, Hagen,
> schlug ihn zu Tod.
> Heiliges Beuterecht
> hab ich mir errungen;
> drum fordr' ich hier diesen Ring.

Gunther

> Rührst du an Gutrunes Erbe,
> schamloser Albensohn?

Hagen

(sein Schwert ziehend):

> Des Alben Erbe
> fordert so sein Sohn!

Er dringt auf Gunther ein, dieser wehrt sich, sie fechten. Mannen werfen sich dazwischen. Gunther fällt von einem Streiche Hagens.

Zum zweitenmal innerhalb einer dreiviertel Stunde hat sich Hagen damit eines Mordes *aus Habgier* (§ 211 StGB) schuldig gemacht und lebenslange Freiheitsstrafe verwirkt.

5.

TATKOMPLEX:
HAGENS TOD

Lange kann sich Hagen freilich seines Lebens nicht mehr freuen. In der allgemeinen Aufregung nach dem selbst für germanische Verhältnisse ungewöhnlichen Doppelmord hat Brünnhilde den begehrten Reif an sich genommen und macht Anstalten, ihn den Rheintöchtern zurückzugeben.

Hagen, der Brünnhildes Benehmen mit wachsender Angst beobachtet hat, gerät beim Anblick der Rheintöchter in höchsten Schreck. Er wirft hastig Speer, Schild und Helm von sich und stürzt wie wahnsinnig in die Flut:

Zurück vom Ring!

Woglinde und Wellgunde umschlingen mit ihren Armen seinen Nacken und ziehen ihn so, zurückschwimmend, mit sich in die Tiefe. Floßhilde hält jubelnd den gewonnenen Ring in die Höhe.

Ertränken, so lehrt uns die Kriminologie[57]), ist eine vergleichsweise seltene Tötungsart. Wo sich Selbstmörder ersichtlich in ihrem feuchten Element fühlen, scheut der durchschnittliche Gewaltverbrecher vor dem *kleinen Ruckerl*, mit dem im Fall Payrleithner das hochversicherte Opfer ins Wasser gestoßen wurde, in der Regel zurück. Kommt es dennoch zu einer solchen Untat, so ist vielfach eine gewisse wahnhafte Note nicht zu überhören – wie z. B. bei dem geisteskranken Lithographen Biermann, der seine vier Kinder in einen Korb packte und von der Schleusenbrücke in die Spree warf. Als man den, wie der gerichtsmedizinische Befund feststellte, *sehr reifen* Obertertianer Ernst Winter aus dem Mönchsee herausfischte, fehlten Kopf und Gliedmaßen; sie wurden später verstreut auf umliegenden Friedhöfen gefunden.

Ertränken – Tötungsart Geisteskranker

Wer kein natürliches Gewässer in greifbarer Nähe hat, verlegt den Tatort ins Badezimmer – wie die Ehebrecherin Klytämnestra oder der berüchtigte Heiratsschwindler G. J. Smith, der seine Opfer in der Badewanne an den Füßen zog und so lange unter Wasser hielt, bis ihnen die Luft ausging.

Badewannenmörder

Auch Hagen ist die Luft unter Umständen ausgegangen, die von der Rechtsordnung nicht gebilligt werden. Bei aller charakterlichen Bedenklichkeit hat auch er Anspruch auf Aburteilung durch seinen gesetzlichen Richter[58]). Eine wie immer geartete Lynch- oder Femejustiz der Rheintöchter kann nicht scharf genug zurückgewiesen werden. Zwar ist einzuräumen, daß Hagen auf den Ring einen

Lynchjustiz der Rheintöchter

---

[57]) Vgl. Neugebauer, Mord durch Ertränken, in: Kriminalistik 1959, S. 63 ff.

[58]) Artikel 101 Absatz I des Grundgesetzes lautet unmißverständlich: *Ausnahmegerichte sind unzulässig. Niemand darf seinem gesetzlichen Richter entzogen werden.*

gegenwärtigen, rechtswidrigen Angriff im Sinne von
§ 32 StGB plante. Zur Abwendung desselben hätte es
jedoch genügt, wenn die Wasserjungfern mit dem be-
drohten Geschmeide in eine Tiefe geschwommen wären,
in die ihnen der flossenlose Haudegen unmöglich hätte
folgen können. Ihn statt dessen in Deutschlands Strom
zu zerren, bedeutet einen Notwehrexzeß, wie wir ihn
bereits bei der Liquidierung Mimes durch Siegfried auf
S. 51 kennengelernt haben.

Wellgunde und Woglinde sind gemäß § 212 StGB wegen
Totschlags mit Freiheitsentzug nicht unter 5 Jahren zu
bestrafen.

6.

TATKOMPLEX:
BRÜNNHILDES BRANDSTIFTUNG

Die jüngeren Männer errichten vor der Halle nahe am Rhein-
ufer einen mächtigen Scheiterhaufen. Brünnhilde winkt ihnen,
Siegfrieds Leiche auf den Scheiterhaufen zu tragen. Sie ent-
reißt einem Manne den mächtigen Feuerbrand und schleudert ihn
in den Holzstoß, der sich schnell entzündet:

**So werf ich den Brand
in Walhalls prangende Burg!**

Sie hat sich auf ihr Roß geschwungen und sprengt mit einem
Satze in den brennenden Scheiterhaufen. Sogleich steigt prasselnd
der Brand hoch auf, so daß das Feuer den ganzen Raum erfüllt.
Auch im Saal der Götter scheinen helle Flammen aufzuschla-
gen. Als die Götter von den Flammen gänzlich verhüllt sind,
fällt der Vorhang.

Von neuem also verstrickt sich die unglückliche Walküre
in eine Brandstiftung, diesmal sogar unter doppelt er-
schwerenden Umständen: Zum einen tritt sie uns nicht,
wie seinerzeit bei der Zündelei ihres Gottvaters, als
bloße Anstifterin, sondern als eigenverantwortliche Täte-
rin entgegen; zum andern wird durch das von ihr ent-
fesselte Feuer neben Sachwerten die gesamte Asenwelt
in einen Zustand versetzt, dem die poetisierende Me-
tapher »Dämmerung« nur unvollkommen gerecht wird.

Damit hat sich Brünnhilde nicht nur des mehrfachen Totschlags, sondern auch der *besonders schweren Brandstiftung* im Sinne von § 307 Ziff. 1 StGB schuldig gemacht, die immer dann vorliegt, *wenn der Brand den Tod eines Menschen dadurch verursacht hat, daß dieser sich zur Zeit der Tat in einer der in Brand gesetzten Räumlichkeiten befand.* Daß Götter im Wege des Analogieschlusses a minore ad majus den Menschen gleichzusetzen sind, wurde bereits dargetan.

Ebenso darf das sexuelle Leitmotiv von Brandlegungen als bekannt vorausgesetzt werden. Daß Brünnhilde gleich durch *zwei* Feuersbrünste auffällig wird, zeigt, wie sehr die Befriedigung ihres nach langer gewaltsamer Unterdrückung plötzlich hervorgebrochenen Liebeshungers hinter ihren Erwartungen zurückgeblieben ist.

Brünnhildes Demonstrationssuizid

Hierzu paßt auch der nachfolgende, für alternde Hagestolze typische »Demonstrations-Suizid« (Gruhle), dessen Vollzugsart übrigens dem Kyniker Peregrinus Proteus entlehnt ist: Dieser bestieg anläßlich der Olympischen Spiele im Jahre 165 n. Chr. einen Scheiterhaufen und ließ sich unter ungeheurem Zulauf verbrennen.

Selbstmord früher strafbar

Daß Selbstmord nach geltendem deutschen Recht straflos bleibt, scheint auf der Hand zu liegen, da ja *Tod und Missetat zusammenfallen* (Cellist Miller in »Kabale und Liebe«). Gleichwohl hat es Zeiten gegeben, in denen auch der Freitod unter Strafe stand. So bestimmte § 90 des österreichischen Gesetzes über schwere Polizeiübertretungen: *Bei vollbrachtem Selbstmorde soll der Körper blos von einer Wache begleitet, außer dem Leichenhofe durch gerichtliche Diener verscharrt werden.* Noch bis vor kurzem enthielt das kanonische Recht[59] dem Suizidenten die Ruhe in geweihter Erde vor: Dieser mußte mit einem sogenannten »Eselsbegräbnis« (sepultura asinina) vorliebnehmen. Dagegen bestrafte das preußische allgemeine Landrecht nur solche Selbstmörder, die durch ihr un-

---

[59]) c. 9—12 c. 23 qu. 5, cap. 11. 12. X de sepult.

zeitiges Ableben der irdischen Gerechtigkeit hatten zuvor-
kommen wollen: *Ist bereits ein Strafurteil ergangen, so
soll dasselbe, soweit möglich, anständig und zur Ab-
schreckung dienlich am todten Körper vollzogen werden.*
Eine wahre *Selbstmordepidemie* brach 1933 auf der
japanischen Insel Oschima aus: Tausende von Menschen
fanden in dem dort gelegenen Vulkan Mihara den Freitod. Erst nachdem die Eisenbahnverwaltung den Bezug
von Rückfahrkarten obligatorisch gemacht hatte, verlor
der Krater seine Anziehungskraft. Von einer ähnlichen
Welle der Todessehnsucht berichtet Plutarch: Auf Milet
erhängten sich heranwachsende Mädchen scharenweise,
bis die Stadtväter drohten, jede Suizidentin künftig
nackt auf dem Markt zur Schau zu stellen.

Mit Rücksicht auf die notorische Leibesfülle hochdrama-
tischer Soprane hat sich Richard Wagner eine derartige
Schlußapotheose dankenswerterweise versagt.

Reisen
ohne Rück-
fahrkarte

RÜCKBLICK
UND
AUSBLICK

Dem Kenner des Wagnerschen Idioms wird nicht entgangen sein, daß die vorabstehende geringe Untersuchung *Verletzungen der Ehre* unberücksichtigt läßt, obgleich es doch an solchen, wie die auf S. 25 zitierte Wendung *gieriges Gaunergezücht* beweist, wahrlich nicht mangelt[60]).

Hierzu muß man wissen, daß es nach übereinstimmender Lehre und Rechtsprechung[61]) Meinungskundgaben von *schlechthin* beleidigendem Charakter nicht gibt, daß es vielmehr von den Anschauungen und dem Gesamtverhalten der beteiligten Kreise abhängt, ob eine Äußerung im Einzelfall als ehrenrührig anzusehen ist oder nicht. So wird bekanntlich in einem gewissen Teil Deutschlands die berüchtigte Offerte jenes von Goethe besungenen Ritters vornehmlich zur Ausfüllung peinlicher Gesprächspausen oder als Überleitung zu einem neuen Gegenstand verwendet. Niemand würde auf den Gedanken kommen, darin eine Beleidigung im Sinne von § 185 StGB zu erblicken.

Ähnlich verhält es sich auf der Opernbühne. Wenn der eingangs berührte Osmin die Tenöre Belmonte und Pedrillo als *verdammte Haremsmäuse* oder Rigoletto

Begriff der
Beleidigung

---

[60]) Namentlich Siegfried befleißigt sich eines unflätigen Jargons. So belegt er seinen Ziehvater Mime mit Ausdrücken wie *räudiger Kerl* oder *schändlicher Stümper*.

[61]) Vgl. das Urteil des Oberlandesgerichts Düsseldorf in: Neue Juristische Wochenschrift 1960, S. 1072.

die Hofkamarilla als *feile Sklaven* bezeichnet, so bewegen sie sich durchaus im Rahmen deftiger Opernkonvention. Es empfiehlt sich daher, dem Beispiel des Barons von Lerchenau zu folgen, der über die ihm zugedachten Kosenamen *aufgeblasener, schlechter Kerl, schmutziger Bauer, blattersteppiger Filou* ungerührt zur Tagesordnung übergeht.

Ohnedies ist das Strafregister der überprüften Personen in einem Maße belastet, das die trübsten Befürchtungen weit übersteigt. Wie sich aus der im Anhang abgedruckten Übersicht ergibt, haben 5 der Beteiligten (Fafner, Fricka, Alberich, Brünnhilde, Hagen) lebenslange Freiheitsstrafen verwirkt; bei 11 weiteren (Wotan, Loge, Siegmund, Siegfried, Fasolt, Hunding, Mime, Gunther, Gutrune, Wellgunde, Woglinde) ist auf zeitlich begrenzten Freiheitsentzug zu erkennen. Sieglinde kommt möglicherweise mit einer Geldstraße davon. Lediglich zwei (Freia und Floßhilde) gehen straffrei aus.

Angesichts dieser erschütternden Bilanz kann man es dem rechtlich denkenden Zuschauer nicht verübeln, wenn er den gewaltsamen Tod, der mit vier Ausnahmen sämtliche Delinquenten ereilt, mit grimmiger Genugtuung zur Kenntnis nimmt.

Die praktischen Konsequenzen

Welche praktischen Konsequenzen sind nun aber aus dem Ergebnis der vorliegenden Untersuchung zu ziehen? Daß man die Sänger, die die deliktischen Vorgänge ja nur *spielen*, nicht zur Bestrafung heranziehen kann, liegt auf der Hand. Anders wäre es lediglich, wenn etwa der Darsteller des Alberich für die Zeit, in der er den Ring besitzt, wirklich *maßlose Macht* ausübte oder wenn der Bassist Fafner den Bassisten Fasolt tatsächlich erschlüge. Beides ist nicht der Fall[62]).

---

[62]) In diesem Zusammenhang ist bemerkenswert, daß die echten Todesfälle auf der Bühne vornehmlich im Verlaufe von Verdi-Opern eintreten: Josef Mann starb 1921 als Radames in der Lindenoper, Leonard Warren 1960 auf den Brettern der Met — in »Macht des Schicksals«.

Auch ein generelles *Aufführungsverbot* läßt sich leider nicht durchsetzen, da das in Artikel 5 des Grundgesetzes niedergelegte Recht der freien Meinungsäußerung auch solche Kunstwerke schützt, deren ethische Substanz fragwürdig ist.

So verbleibt als letzte Möglichkeit, wenigstens Jugendliche unter 18 Jahren vor dem verhängnisvollen Eindruck des Ringzyklus zu bewahren. Wie die bereits erwähnte Novelle »Wälsungenblut« beweist, übt Wagners Musik auf Heranwachsende eine ungewöhnlich narkotische Wirkung aus, die raschen Hemmungsverfall nach sich zieht. *Der fremde Zauber reißt die Jugend fort*[63]), heißt es bei Schiller. Das mag für die Schweiz zutreffen. Das deutsche Volk wird seine Jugend zu schützen wissen.

---

[62]) Wilhelm Tell, 2. Aufzug, 1. Szene.

ANHANG

VERWIRKTE GESAMTSTRAFEN

Täter	Delikt	Strafmaß
Alberich	Diebstahl des Ringes (§ 242)	lebenslange Freiheitsstrafe
	Anstiftung zur Ermordung Siegfrieds (§§ 211, 26, 28 Abs. 2)	
Fasolt	Verschleppung Freias (§ 239)	Freiheitsstrafe bis zu 5 Jahren
Fafner	Verschleppung Freias (§ 239)	lebenslange Freiheitsstrafe
	Ermordung Fasolts (§ 211)	
Loge	Erschleichung des Ringes (§§ 239, 253, 52)	Freiheitsstrafe bis zu 12 Jahren
	Beihilfe zur Brandstiftung (§§ 308, 27)	
Wotan	Erschleichung des Ringes (§§ 239, 253, 52)	Freiheitsstrafe nicht unter 5 Jahren
	Beihilfe zum Tod Siegmunds (§§ 212, 27)	
	Totschlag Hundings (§ 212)	
	Einschläferung Brünnhildes (§§ 239, 240, 52)	
	Brandstiftung (§ 308)	
Siegmund	Blutschande (§ 173)	Freiheitsstrafe nicht unter 3 Jahren
	Mordversuch an Hunding (§§ 211, 23)	
Sieglinde	Blutschande (§ 173)	Freiheitsstrafe bis zu 3 Jahren oder Geldstrafe

Täter	Delikt	Strafmaß
Hunding	Totschlag Siegmunds (§ 212)	Freiheitsstrafe nicht unter 5 Jahren
Fricka	Anstiftung zur Ermordung Siegmunds (§§ 211, 26, 28 Abs. 2)	lebenslange Freiheitsstrafe
Mime	Versuchter Mord an Siegfried (§§ 211, 23)	Freiheitsstrafe nicht unter 3 Jahren
Siegfried	Tierquälerei (§ 17 TierschutzG)	Freiheitsstrafe zwischen 5 und 10 Jahren
	Totschlag Mimes (§ 212)	
	Entführung Brünnhildes (§ 237)	
Gutrune	Beihilfe zur Giftbeibringung (§§ 229, 27)	Freiheitsstrafe bis zu 10 Jahren
Gunther	Beihilfe zur Ermordung Siegfrieds (§§ 211, 27)	Freiheitsstrafe nicht unter 3 Jahren
Hagen	Giftbeibringung (§ 229)	lebenslange Freiheitsstrafe
	Ermordung Siegfrieds (§ 211)	
	Ermordung Gunthers (§ 211)	
Brünnhilde	Anstiftung zum »Feuerzauber« (§§ 308, 26)	lebenslange Freiheitsstrafe
	Anstiftung zur Ermordung Siegfrieds (§§ 211, 26, 28 Abs. 2)	
	Besonders schwere Brandstiftung (§ 307)	
Wellgunde	Totschlag Hagens (§ 212)	Freiheitsstrafe nicht unter 5 Jahren
Woglinde	Totschlag Hagens (§ 212)	Freiheitsstrafe nicht unter 5 Jahren

PERSONEN- UND SACHREGISTER

Abtreibung 38
Aïda 11
Alberich 12 ff, 21 ff, 63, 72
Aphasie, anamnesische 59
Aphrodisiaka 59 f

Bajazzo, Der 11
Beleidigung 72 f
Betrug 62
Biermann (wahns. Lithograph) 66
Blutschande s. Inzest
Bordellwirtin, Hamburger 32
Brandstiftung 40 ff, 67 f
Brünnhilde 29 ff, 37, 39 ff, 45, 52 ff,
  57, 60 ff, 65, 67 ff, 72
Buffalo Bill 53
Butterfly, Madame 11

Caligula 32
Chinawurzel s. Aphrodisiaka
Claudius, König 27
Così fan tutte 11

Diebstahl 16 f, 33 ff
Don Giovanni 11

Ehebruch 32, 62
Elektra 11
Entführung 20 f, 62
Erda 31
Erpressung 21 f, 25
Ersitzung 34
Eselsbegräbnis 68

Fafner 15 f, 19 ff, 26 f, 45—50, 72
Fasolt 15 f, 19 ff, 26, 72
Feuerzauber s. Brandstiftung
Fliege, spanische s. Aphrodisiaka
Floßhilde s. Rheintöchter
Freia 14 f, 19—23, 26, 72
Freiheitsberaubung 23, 25, 41
Fricka 22, 29 ff, 37, 39 f, 72

Gerhilde s. Walküren
Grans (Strichjunge) 18
Grass, Günter 43
Grimgerde s. Walküren
Gunther 56, 59 ff, 63 f, 72
Gutrune 30, 26 ff, 72

Haarmann (Massenmörder) 18
Habgier 26 f, 65
Hagen 56 f, 59, 62 ff, 72
Hammerzwerg von Steyr 18
Harnsekretion 43
Helmwige s. Walküren
Hunding 29 ff, 33 ff, 36 ff, 72

Ikey the Runt 18
Inzest 31 f, 54 f

Jungfräulichkeit 40

Kafka, Franz 48
Kain 27
Kater, gestiefelter 49
Klytämnestra 66
Körperbehinderten (Liebesfähigkeit
  der) 18
Kranzgeld 62
Kürten, Peter 42 f

Landru (Frauenmörder) 19
Lebenspartner, hergelaufener 41
Lerchenau, Baron Ochs v. 72
Lichtalben (Stammbaum) 31
Liebestrank, Der 11
Lindwurm 45 ff
Loge 14, 24 f, 41 f, 72
Lohengrin 12
Ludwig II. (v. Bayern) 13

Mann, Thomas 32
Meeräsche 32
Meerbischof 59

Meistersinger, Die 12
Menschenraub 20
Menstruationsstörungen 43
Mihara (japan. Vulkan) 71
Miller (Cellist) 69
Mime 15, 45, 49 ff, 72
Monostatos (Mohr) 55
Mord 26 f, 30 ff, 63 ff
Moschus s. Aphrodisiaka
Mozart, Wolfgang Amadeus 10

Nornen 31
Nötigung 22, 41
Notwehr 52, 67
Notzucht 54, 62
Nulla poena sine lege 12

Olnhausen (Brudermörder) 27
Ortlinde s. Walküren
Osmin (Eunuch) 10, 71
Othello 11

Pavianjunge Lukas 48
Philtron s. Aphrodisiaka
Priapismus, schmerzhafter 60
Protzdelikt 17

Rheintöchter 15 ff, 65 ff, 72
Rigoletto 10 f, 71 f
Romulus und Remus 48
Rosenkavalier, Der 9, 11
Roßweise s. Walküren
Rotzfisch s. Meeräsche

Sacher (Säurespritzer) 18
Salome 11
Samsa, Gregor 48
Schiller, Friedrich v. 71
Schneemensch 48
Schütt (Brudermörder) 27
Schwertleite s. Walküren
Selbstmord 68 f
sepultura asinina s. Eselsbegräbnis
Siegfried 31, 45 ff, 57 ff, 73

Sieglinde 28 ff, 72
Siegmund 26 ff, 33 ff, 36 ff, 72
Siegrune s. Walküren
Smith (Heiratsschwindler) 66
Soprane, hochdramatische 69
Stadtmusikanten, Bremer 49
Suizid (Demonstrations-) s. Selbstmord

Tannhäuser 11 f
Tarnkappe (resp. Tarnhelm) 14, 24 f, 61
Tenöre 9
Tierquälerei 49
Tosca 11
Totschlag 36 ff, 46 f, 49 ff, 64, 66
Toulouse-Lautrec, Henri de 18
Tristan und Isolde 12

Unzucht (widernatürliche) 53

Verschleppung 20
virgo intacta 42

Walhall 13, 14
Walküren 29, 31
Wälsung 31, 39
— enblut 32, 73
Waltraute s. Walküren
Wendehals (Vogel) 59
Wellgunde s. Rheintöchter
Wilderei 49
Wilder Westen 52
Winter (Obertertianer) 67
Woglinde s. Rheintöchter
Wotan 14, 22, 24 f, 29, 31, 33,
36 ff, 40 ff, 72

Yohimbin s. Aphrodisiaka
Yeti s. Schneemensch

Zauberflöte, Die 55
Zimmerpflanzen 34 f
Zwanziger, Anna (Giftmischerin) 19
Zweikampf 36 ff
Zyklopen, zottige 48

LITERATURVERZEICHNIS

Boor, Helmut de (Hrsg.)	Das Nibelungenlied (Bremen o. J.)
Doberauer, Walter	Alter und Krankheit (Wien 1957)
Friedberg, E. (Hrsg.)	Corpus juris canonici (Leipzig 1879—81)
Grass, Günter	Die Blechtrommel (Fischer-TB 473/74, Frankfurt 1960)
Hebbel, Friedrich	Die Nibelungen (Hamburg 1862)
Hentig, Hans v.	Der Desperado (Berlin 1956)
Hentig, Hans v.	Der Gangster (Berlin 1959)
Jordan, Wilhelm	Die Nibelunge (Frankfurt o. J.)
Kafka, Franz	Das Urteil und andere Erzählungen (Fischer-TB 19, Frankfurt 1952)
Kriegel-Herrmann-Osenbrüggen (Hrsg.)	Corpus juris civilis (Leipzig 1828—37)
Lessing, Theodor	Haarmann (Berlin 1925)
Mann, Thomas	Sämtliche Erzählungen (Frankfurt 1963)
Mann, Thomas	Der Erwählte (Frankfurt 1951)
Mostar, Gerhart H.-Stemmle, Robert A.	Todesurteil (München 1964)
Neugebauer, Walter	Mord durch Ertränken in: Kriminalistik Jg. 1959
Palandt	Bürgerliches Gesetzbuch (35. Auflage, München 1976)
Radbruch, Gustav	Das Strafrecht der Zauberflöte in: Vom edlen Geiste der Aufklärung (München 1948)
Ribot, Théodule	Les maladies de la mémoire (Paris 1881)
Schönke-Schröder	Kommentar zum Strafgesetzbuch (18. Auflage, München 1976)
Schwarz-Dreher	Strafgesetzbuch und Nebengesetze (37. Auflage, München 1977)
Uthmann, Jörg v.	Der Urheber des Verbrechens (Diss. München 1963)
Wagner, Richard (Hrsg. Rappl, Erich)	Der Ring des Nibelungen (München 1954)